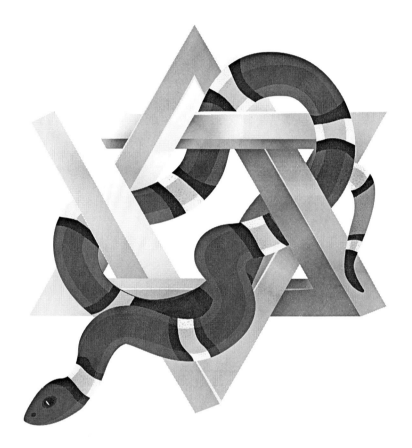

Rasgando os Véus do Ocultismo

Umbanda e Candomblé são Religiões Distintas

Editora Appris Ltda.
1.ª Edição - Copyright© 2024 da autora
Direitos de Edição Reservados à Editora Appris Ltda.

Nenhuma parte desta obra poderá ser utilizada indevidamente, sem estar de acordo com a Lei nº 9.610/98. Se incorreções forem encontradas, serão de exclusiva responsabilidade de seus organizadores. Foi realizado o Depósito Legal na Fundação Biblioteca Nacional, de acordo com as Leis nos 10.994, de 14/12/2004, e 12.192, de 14/01/2010.

Catalogação na Fonte
Elaborado por: Dayanne Leal Souza
Bibliotecária CRB 9/2162

G885r 2024	Gruber, Izolina de Lima Rasgando os véus do ocultismo: Umbanda e Candomblé são religiões distintas / Izolina de Lima Gruber. – 1. ed. – Curitiba: Appris, 2024. 255 p. : il. ; 23 cm. Inclui referências. ISBN 978-65-250-6538-0 1. Religião. 2. Umbanda. 3. Candomblé. I. Gruber, Izolina de Lima. II. Título. CDD – 299

Appris
editora

Editora e Livraria Appris Ltda.
Av. Manoel Ribas, 2265 – Mercês
Curitiba/PR – CEP: 80810-002
Tel. (41) 3156 - 4731
www.editoraappris.com.br

Printed in Brazil
Impresso no Brasil

Izolina de Lima Gruber

Rasgando os Véus do Ocultismo
Umbanda e Candomblé são Religiões Distintas

Curitiba, PR
2024

FICHA TÉCNICA

EDITORIAL	Augusto Coelho
	Sara C. de Andrade Coelho
COMITÊ EDITORIAL	Ana El Achkar (UNIVERSO/RJ)
	Andréa Barbosa Gouveia (UFPR)
	Conrado Moreira Mendes (PUC-MG)
	Eliete Correia dos Santos (UEPB)
	Fabiano Santos (UERJ/IESP)
	Francinete Fernandes de Sousa (UEPB)
	Francisco Carlos Duarte (PUCPR)
	Francisco de Assis (Fiam-Faam, SP, Brasil)
	Jacques de Lima Ferreira (UP)
	Juliana Reichert Assunção Tonelli (UEL)
	Maria Aparecida Barbosa (USP)
	Maria Helena Zamora (PUC-Rio)
	Maria Margarida de Andrade (Umack)
	Marilda Aparecida Behrens (PUCPR)
	Marli Caetano
	Roque Ismael da Costa Güllich (UFFS)
	Toni Reis (UFPR)
	Valdomiro de Oliveira (UFPR)
	Valério Brusamolin (IFPR)
SUPERVISOR DA PRODUÇÃO	Renata Cristina Lopes Miccelli
PRODUÇÃO EDITORIAL	Sabrina Costa
REVISÃO	Katine Walmrath, André Felipe Gruber Bueno e Agda Jordão
ILUSTRAÇÃO	Karoliny Jordão
APOIO DE TRABALHO E IMAGENS	Karoliny Jordão e Léo Victor de Lima
DIAGRAMAÇÃO	Amélia Lopes
CAPA	João Vitor Oliveira dos Anjos
REVISÃO DE PROVA	Bianca Pechiski
	Jibril Keddeh

Vestindo a alma da Natureza e com as energias da Ancestralidade, que sopram meus ouvidos os segredos de sobrevivência do poder da mente, da cura pelas ervas, raízes e folhas, é para quem dedico este meu livro, minha ancestralidade. Escrever me permite viajar no tempo e tocar na sabedoria de nossos ancestrais que nos conectam ao conhecimento dos que já existiram. São os melhores professores, oriundos de todo planeta. De toda minha história, de minha mediunidade, que escrevi a maioria dos textos, através de meus Mestres Ancestrais (entidade TRANCA-RUAS e Preta Velha VOVÓ MARIA GONGA), entidades da umbanda; meus ancestrais que me deram a palavra, a força e todo conhecimento passado através deles para mim...!!! Em honra a estas entidades eu viverei plenamente no campo da experiência, que nossos ancestrais continuem e determinem o que faremos...! Minha eterna gratidão, infinitas seriam as palavras para determinar o tamanho da minha felicidade! Muito obrigada!!!

AGRADECIMENTOS

Agradecemos a todos que de alguma forma colaboraram para a realização deste livro. Principalmente, a você leitor pela confiança em adquiri-lo. Que Deus em sua infinita bondade possa abençoar a todos. Seremos eternamente gratos aos nossos mestres espirituais: Sr. Tranca Ruas das 7 Encruzilhadas; Sr. João Caveira; Vovó Maria Conga e Sr. José Pelintra do Catimbó, sem os quais nada disso seria possível. Também agradecemos *àqueles que nos criticaram, tentando desviar o nosso caminho, enfraquecendo nosso ânimo e desestimulando nossa iniciativa. Graças ao Grande Pai Celestial, tudo is*so nos serviu de incentivo, o que fez reduzir as dificuldades à sua real dimensão, lembrando que não foram suficientemente fortes para impedir a realização de nosso sonho. Obrigada também aos filhos do Asé, que muito contribuíram para este feito. Muito axé a todos os irmãos de fé, que possamos firmar os elos que nos unem, no sentido de formar uma grande corrente de paz, amor e luta pela preservação da crença.

Ser espírita:

Ser espírita é seguir os ensinamentos de Deus e dos Orixás, com muito respeito acima de tudo, pois é através deles que recebemos as graças divinas e espirituais;
ser espírita é ser desprovido das raivas, mentiras e ódios emanados do orgulho humano;
ser espírita é ser como uma criança, pois somente sendo criança é que o homem pecador consegue chorar e é chorando que consegue chegar aos pés de Deus;
ser espírita é ser caridoso, não doando coisas velhas,
pois a verdadeira caridade consiste em dar aquilo que gostaríamos de receber;
ser espírita é fazer uma prece a um irmão ou a um desconhecido;
ser espírita é, sem dúvida nenhuma, Amar, mas sem esperar o amor;
é compreender, mas sem esperar a compreensão;
ser espírita é punir, mas sem castigar;
ser espírita é doar, mas sem esperar receber;
ser espírita é orar, mas sem rezar;
ser espírita não é receber espíritos, pois há tantos que recebem espíritos sem serem espíritas.
Existe um ditado que diz: ajuda-te que os céus te ajudarão. De que adianta encher o altar de velas de pedidos e ficar de braços cruzados esperando. Isso de nada adianta!
Ser espírita é ir em busca; é ir à luta e buscar cada dia mais;
ser espírita nada mais é do que: viver para servir e jamais viver para ser servido.

PREFÁCIO

Honrado pelo convite da autora deste livro, a Iyalaorisá Izolina de Odé, carinhosamente conhecida na Comunidade Umbandista e Candomblecista do Paraná como Mãezinha de Oxóssi, para prefaciar seu livro *Rasgando os véus do ocultismo: Umbanda e Candomblé são religiões distintas*, destaco a importância, primeiramente, de falar sobre a autora sacerdotisa. Conheci a Mãe Izolina de Oxóssi, em 1988, em uma festa de Umbanda, em Curitiba, onde fizemos de pronto amizade e nos tornamos amigos religiosos. Em 1989, fui com meus Filhos de Santo, a convite da Yalaorisá Izolina de Oxóssi, participar de uma festa em sua Casa de Santo, situada no bairro do Pinheirinho, na cidade de Curitiba/PR, em homenagem aos Pretos Velhos, entidades iluminadas da Umbanda. Já naquela ocasião, dizia a autora, Mãe Izolina, que estava se preparando para escrever um livro, que pudesse esclarecer a todos sobre o ocultismo da Umbanda e do Candomblé, mostrando as duas religiões de matrizes africanas na realidade de seus ritos, costumes e ideologia. A autora, com 13 anos de idade, desenvolveu sua mediunidade incorporativa em sessão umbandista, tendo sida iniciada na Nação de Angola em 1960, e após sete anos de iniciada recebeu o seu Deká em 1967 iniciando assim seu caminho como Sacerdotisa. Em 1975 fundou a Tenda Espírita de Umbanda Mãezinha de Oxóssi. Após deu obrigação na Nação de Ketu em 1978, onde foi fundado o Ilê Axé Odé Inlê (Casa de Candomblé de Odé Inlê), e em 1992 o saudoso Babalorixá Valdemiro da Costa Pinto (Pai Baiano) deu sua obrigação de 21 anos. No ano de 2007 Pai Baiano de Barú fez sua passagem ao Orun. Após transcorrer um ano da passagem de Pai Valdemiro, Mãe Izolina de Oxóssi foi recebida pela Iyalaorisá Mãe Carmen de Osaguian, a qual lhe deu obrigação e a acolheu como Filha de Santo do Ilê Yá Omi Axé Yamassé (Terreiro do Gantóis), Salvador/BA, onde permanece fiel até hoje. Yalaorisá extremamente zelosa e dedicada às causas humanitárias, Mãe Izolina, por onde passa, semeia o Amor, caridade e Justiça, princípios que regem a sua vida e sua obra espiritual na Umbanda e no Candomblé. Todos que a conhecem logo se encantam com sua voz, sorriso e carinho que recebem da querida Mãezinha de Oxóssi. Esta obra rasga os véus e desvenda os mistérios das religiões de Umbanda e Candomblé, além de ensinar banhos, conhecimento de ervas sagradas e formas de se conduzir de maneira sempre positiva para se integrar à mãe natureza e receber todo o axé (força) da sintonia com o astral. O público em geral, desde Sacerdotes, Filhos de Santos, Abiãns, Umbandistas e Candomblecistas, ficará saciado com a riqueza desta obra elucidativa.

J. R. Jordão

Ministro da Federação Paranaense de Umbanda e Cultos Afro-Brasileiros e Mestre Maçom Instalado da Gr.: Loj.: Paraná

SUMÁRIO

RASGANDO OS VÉUS DO OCULTISMO
INTRODUÇÃO... 20

CAPÍTULO I
OS DOIS LADOS DAS RELIGIÕES..27
FUNÇÕES E OBRIGAÇÕES DOS INICIADOS............................. 30

CAPÍTULO II
CRIAÇÃO DOS ANJOS E DEMÔNIOS.....................................37

CAPÍTULO III
UMBANDA NO BRASIL..45
NEGROS AFRICANOS: PRIMEIRO APÊNDICE.............................48
CANDOMBLÉ NO BRASIL: SEGUNDO APÊNDICE 53
ÍNDIOS NO BRASIL: TERCEIRO APÊNDICE.............................62

CAPÍTULO IV
ESPÍRITOS DE UMBANDA, OS ENCANTADOS 68
PRETOS VELHOS: ORAÇÕES E SIMPATIAS............................71
ÒGÚN: ENCANTADOS DE UMBANDA..................................82
CABOCLOS DE OXÓSSI: ENCANTADOS DE UMBANDA 83
OMOLU: ENCANTADOS DE UMBANDA................................85
ÒSÚMÁRÉ: ENCANTADOS DE UMBANDA..............................86
NÀNÀ: ENCANTADOS DE UMBANDA 87
OSÚN: ENCANTADOS DE UMBANDA..................................88
YANSAN: ENCANTADOS DE UMBANDA 89
ERÊS OU IGBEJIS: SÃO COSME E SÃO DAMIÃO....................... 90
IYEMONJÁ: ENCANTADOS DE UMBANDA..............................93
SÀNGO: ENCANTADOS DE UMBANDA.................................97
OSÁÀLÁ: ENCANTADOS DE UMBANDA................................98
BAIANOS..99
LINHA DO ORIENTE..100
EŞÚ DE UMBANDA 101

CAPÍTULO V
ESÚ DE CANDOMBLÉ 112
QUALIDADES DE ESÚ.. 115
ORISÁS DE CANDOMBLÉ 118

CAPÍTULO VI
MEDIUNIDADE... 135

CAPÍTULO VII
PRÁTICAS PARA DESENVOLVER A MEDIUNIDADE E ENRIQUECER O ESPÍRITO... 141
TÉCNICAS PARA RELAXAMENTO E DEPRESSÃO 149
RELAXAMENTO PARA INCORPORAÇÃO 150
TÉCNICAS PARA COMBATER O FRACASSO 153
SONHOS (PESADELOS E DESILUSÕES)..................................... 157
ACREDITE EM SI MESMO... 160
MORTE... 162
PODER DA ORAÇÃO 164
PROBLEMAS E PROBLEMAS 165
TÉCNICA DE MEDITAÇÃO PARA DESVESTIR-SE DOS PROBLEMAS...166
PENSAMENTO.. 168

CAPÍTULO VIII
SÍMBOLOS ESOTÉRICOS: ESTRELA DE DAVI 170
NÚMERO SETE 174
NÚMERO NOVE 176
PENTAGRAMA: SÍMBOLO E AMULETO 177

CAPÍTULO IX
ERVAS MEDICINAIS.. 184
CARDO-SANTO OU CORDÃO-DE-FRADE................................. 197
A CURA ATRAVÉS DAS ERVAS... 221
FOLHAS SAGRADAS PARA BANHOS ENERGÉTICOS................ 240
BANHOS DE DESCARREGO 241
BANHOS DE DESPERTAR... 242
PLANTAR ESTAS 7 ERVAS CONTRA MAU-OLHADO 243
CONSIDERAÇÕES FINAIS 246
MENSAGEM 247

REFERENCIAL BIBLIOGRÁFICO 248
FONTES 249
ILUSTRAÇÕES... 255

Rasgando os Véus do Ocultismo

Umbanda e Candomblé são religiões distintas

Introdução

Este livro foi escrito ao acaso, isto é, no escuro. De certa forma, ele vale como uma façanha audaciosa, já que existe grande dificuldade em encontrar trabalhos bibliográficos interessantes que digam respeito à iniciação do médium, tanto na Umbanda como no Candomblé.

Porém, antes de decorrer esta escrita, gostaria de apresentar-me e contar um pouco da minha história. Sou a Iyalorisá Izolina de Lima Gruber, mais conhecida como Mãezinha de Osóòsì. Meu primeiro contato com a Umbanda foi aos 13 anos de idade, essa busca foi no sentido de encontrar auxílio. Desde muito jovem tive visões, premonições e visitas de espíritos. Sem compreender essa posição, minhas ideias ficaram confusas, meus pensamentos encontravam-se em total desordem. Quando nos deparamos com algo estranho, uma espécie de medo irracional impede-nos de reagir.

Esse assunto era muito complexo para mim, principalmente para admitir a existência de forças sobrenaturais ainda tão menina. Aquilo tudo me assustava muito. No desejo de encontrar soluções para as frequentes visitas, resolvi dar o primeiro passo no mundo espiritual. Em consequência da pouca idade, minha trajetória inicial não foi nada fácil. Entretanto, isso não impediu que começasse a receber manifestações espirituais, ou seja, desenvolver a mediunidade a fim de dar início à incorporação de espíritos, amenizando, nesse sentido, meus medos e também para contribuir de alguma forma em meu progresso espiritual.

Sempre senti uma grande atração e afinidade pelo misticismo. Adorava tudo que era místico, histórias bíblicas, reencarnação e o outro lado da vida, enfim, assuntos relativos ao sobrenatural e à filosofia. Foi dentro desse contexto que construí meus princípios religiosos e filosóficos. Na verdade, todos devem saber que há algumas décadas não havia muita disponibilidade de bibliotecas, consultas em livros etc., tudo era muito escasso e o custo muito alto, devendo-se, portanto, pertencer a uma classe alta, no sentido de ter acesso às pesquisas bibliográficas. Porém, meu pai tinha muitos livros guardados, entre eles encontravam-se vários temas filosóficos e espirituais, assunto que me atraía de forma impressionante. Por meus pais serem pessoas católicas, certamente que esses livros não lhes pertenciam, foram doados à família por um parente distante. Sempre que podia folheava aquelas obras e foi aí que comecei meus questionamentos sobre a crença católica.

A partir das minhas buscas pelo misticismo, já não havia mais interesse em participar das missas e nem tampouco das celebrações e obrigações impostas pela Igreja. Sob reservas, é claro, fui formando o meu modo de pensar e ver as coisas. Pude observar que quem se permite visualizar o que é de positivo e ocupa a mente com o que há de bom, com objetivos definidos, sabe aonde quer chegar. Foi através desses conceitos que obtive minha decisão em seguir com a missão espiritual.

Há circunstâncias em que acordar para a realidade torna-se questão de vida ou morte, aí é preciso que prevaleça o amor pela vida. Meus pais estavam revoltosos com minha escolha, não havia diálogo e nem tampouco entendimentos. Por se tratarem de pessoas católicas, era difícil sua aceitação pelo espiritismo ou qualquer crença que se opusesse a seus princípios. O tempo se passou e, quando completei 16 anos, estava de casamento marcado com uma pessoa que mal conhecia. Pelo simples fato de em uma determinada festa ter dançado uma valsa com esse suposto "namorado", meu pai marcou nosso casamento, sem ao menos perguntar se era o que eu queria. Naquela época infelizmente as coisas aconteciam assim, eram os pais que decidiam o futuro de seus filhos. Como não poderia ser diferente, no prazo de dois meses eu estava casada, e em sete anos, eu já tinha cinco filhos — talvez pela falta de experiência e também de orientação. Meu casamento não foi muito duradouro, porém obtive uma experiência decisiva em minha vida para determinar o que seria melhor para mim.

Às vezes, vivemos situações confusas e infelizes durante tempo demais. E não é por nos faltar consciência do absurdo, mas por não termos coragem de esboçar uma reação. Ficamos à espera do milagre de que, como que num passe de mágica, o ruim se torne bom, a tristeza se transforme em alegria; e o mais estranho é que no fundo sabemos que nada disso vai acontecer. Mesmo assim nos sujeitamos a deixar o tempo passar sem reagir.

Eu sabia que com ele — meu marido — era ruim, contudo reconhecia que seria muito pior sem ele. Nós tínhamos cinco filhos, os quais diante de uma separação ficariam todos comigo. Mas todo amanhecer nos traz uma nova oportunidade, cada dia que nasce é o começo de uma nova etapa em nossa vida, esperar pelo amanhã sem nada fazer era perda de tempo. Nesse sentido, decidi mudar minha vida e seguir meu caminho somente com meus filhos. Tinha deixado de ter medo de perder o que na verdade eu nunca tive: a felicidade.

Saí pelo mundo com apenas uma realidade concreta, meus filhos. Graças a Deus, com minha luta consegui criá-los e educá-los. Por decepção, e talvez por medo, não quis arrumar outro companheiro, entregando-me de corpo e alma somente aos meus filhos e à religião.

O tempo passou, as crianças já estavam em idade escolar, foi nessa época que as dificuldades financeiras vieram. Encontrava-me em situação inferior ao restante de minha família, fato que os levou a criticarem minha religião. Quando se tem um problema, necessita-se encontrar um culpado, nesse caso a culpa era do espiritismo. Foram tantos os questionamentos que dúvidas começaram a surgir dentro de mim. Foi então que comecei a procurar respostas. É nesse momento de amargura que se abala a nossa crença na existência de Deus, saímos feito loucos à sua procura, esquecendo-nos que na verdade "Ele" está o tempo todo dentro de nós. Quando busquei Deus dentro dos cultos evangélicos, ouvia muito mais a pronúncia do nome do demônio do que o de Deus. Além disso, segundo eles, o espiritismo era obra do Diabo. Como poderia ser do Diabo? Sei que estava em busca de meus questionamentos, contudo isso não me impedia de lembrar que, muito embora não tivesse muita experiência no espiritismo, a prática dentro das sessões espirituais girava em torno do bem e da caridade. Como poderia se associar a algo demoníaco?

Certa vez, decidi questionar alguns dirigentes da Igreja Evangélica, no intuito de sanar minhas dúvidas. Foi através das respostas infundadas que tive certeza de que ali não era o meu lugar. Pude perceber que não era tão simples assim conquistar o reino do céu. O protestantismo, de um modo geral, condena toda e qualquer prática alheia a seus princípios. Se analisarmos a criação do Diabo, ficaria algo estranho, se não duvidoso, pois como poderia Deus em sua infinita sabedoria e bondade criar algo para nos perseguir, castigar e principalmente ser seu rival? A palavra "diabo" vem do latim "diabolos", que significa "aquele que divide". Na verdade, esse termo quer dizer pensamento, que está intimamente ligado ao homem. Todos nós sabemos que o pensamento tem poderosa vibração e é fator decisivo na vida de qualquer um de nós. A maldade faz parte do ser humano, vive dentro do homem. É o livre-arbítrio de se deixar levar pela ira em um momento de raiva, destruindo o mundo ao seu redor, necessitando mais tarde arrumar um culpado, a fim de justificar seus erros e falhas, cabendo essa culpa à figura do diabo. Na verdade nós temos que ter essa consciência e ser responsáveis pelos próprios atos. Observando o que se pode ou não fazer, agindo de forma que a razão fale mais alto que a emoção, respeitando os limites dentro do nosso ser, como em todo e qualquer lugar que passarmos, sabedores de que nosso direito termina quando começa o do outro.

Toda minha busca através de respostas em templos religiosos foi inútil. Entretanto, lendo as escrituras sagradas encontrei todas as respostas para meus questionamentos. Ali pude perceber que Deus, no princípio da criação, deixou a árvore da ciência e do conhecimento tanto para o bem como para o mal. Cada homem é estruturado de mistérios e fragilidades. O homem é uma pedra bruta que necessita de lapidação. É justamente o que propõem as religiões, lapidar o coração do homem e tornar a sua alma mais bonita, salvando-a dos infernos, da ignorância, do orgulho e da ambição. As religiões nada mais são do que formas suaves de escolarizar os homens, lapidando seus corações e fazendo com que se afastem das trevas e dos anjos maus. Agora eu pergunto: e o espiritismo, não faz isso? O espiritismo não! E nem tampouco as outras religiões o fazem. Nós, de um modo geral, é que temos de fazer se quisermos ser chamados de espíritas ou cristãos (todo aquele que em Cristo crê é cristão).

Foi depois de todo esse percurso histórico que, acompanhada de meus primeiros Filhos de Santo, fundei meu barracão, no ano de 1976. Nessa época já havia "concluído" o processo de iniciação e incorporação, sendo a minha primeira entidade espiritual uma Preta Velha, ancestral dos africanos (ou egum, que quer dizer espírito desencarnado). Da mesma forma, ou tão logo, obtive a manifestação de Esú (ou Exu). Esse espírito, por sua vez, trata-se de um Mago que traz em si o conhecimento das ervas, e juntamente com elas, a cura a diversos males. Seria muita pretensão dizer a todos, todavia para ele não há mal na Terra que não tenha cura. Por conta disso, multidões vinham em busca de tratamento espiritual.

Foi assim que, através dos anos de aprendizado, leituras e instruções espirituais, formei meu pensamento. Acreditando que tudo o que está em cima é igual ao que está embaixo.

Nesse sentido, se não concluirmos o que estamos fazendo aqui na Terra, retornamos como espíritos desencarnados para darmos continuidade em nossa obra ou evolução espiritual. Portanto, fica claro e evidente que todo umbandista deve crer na reencarnação e principalmente que o espírito não dorme, pois se assim não crer, nega toda e qualquer doutrina espírita.

Cabem aqui alguns questionamentos para os que não creem. Que sentido teria a vida se ao partirmos deste mundo perdêssemos todo o conhecimento e experiências, e assim sendo, voltasse toda a inteligência ao pó? Como ficariam as obras inacabadas? Na verdade, cada morte é um sopro renovador, quantas existências a mais nosso espírito tiver, serão séculos de experiência e aprimoramento individual. A vida não teria sentido se nascer, viver e morrer fosse algo tão simples. Se assim o fosse, o homem poderia viver como os animais irracionais, e não como um ser pensante, capaz de buscar seu caminho nos mais variados campos da vida. Cada inteligência caracteriza-se pelas atribuições que lhe são próprias, seja nos recintos da lei, seja nos laboratórios das ciências, enfim, nos mais variados campos profissionais, cada qual tem seu momento de revelar-se.

Todos nós espíritos imperfeitos, ainda arraigados à evolução da Terra, buscamos respostas para nossas dúvidas, mas decididamente o homem é o senhor da evolução do planeta. Em muitas circunstâncias estamos cegos da reflexão e surdos do entendimento. Incontidos no desejo de obter respostas é que cada qual forma seu pensamento e sua maneira de ver as coisas. Nossa vida terrena é cheia de conflitos, discórdias e carmas de vidas passadas. Portanto, estamos aqui no plano terreno para nos depurarmos, assim sendo, ajudar de alguma forma os espíritos desencarnados que dependem de nós para sua evolução espiritual.

"A vida não cessa: a vida é a fonte eterna, e a morte é o fogo escuro das ilusões".

Capítulo I

Os dois lados das religiões
Funções e obrigações dos iniciados

Os dois lados das religiões

Todas as crenças têm dois lados. Certamente se ficássemos aqui debatendo problemas religiosos, publicaríamos um livro a respeito de toda sua trajetória, contudo não é essa a nossa intenção. A sociedade de um modo geral é composta por homens, sendo estes passíveis de erros e acertos. A questão é que as doutrinas religiosas que seguem os mandamentos divinos jamais pregam a usurpação ou a exploração sexual e tudo que possa denegrir seu nome. Esses tipos de atitudes são práticas do ser humano, do homem sem princípios religiosos, que travestidos de "pais de santo", "pastores" e "padres", inspirados pelo egocentrismo, perdem-se em seus corações.

O homem tem o livre-arbítrio, tanto pode ser Deus como pode ser o Demônio. O lado obscuro do espiritismo, ou da Umbanda, encontra-se justamente na questão de se utilizar de espíritos trevosos ou maléficos para benefícios próprios, isto é, nós sabemos que esses espíritos não têm discernimento do que é certo ou errado. São espíritos que não aproveitaram sua vida corpórea, no sentido de aprimoramento cristão, somente retardaram sua evolução espiritual. Porém, através da oportunidade de resgatar seus carmas, acabam novamente tendo a chance de voltar à Terra, entretanto dessa vez como espíritos, a fim de buscar a evolução junto aos Pais de Santo e doutrinadores espirituais. Todavia, como já dissemos, esses espíritos não possuem o conhecimento do que é certo ou errado, por conta disso, acabam por *atender a pedidos maldosos que lhes são feitos. Diante disso, quem é o demônio? É claro que são as pessoas. Feiticeiro não é aquele que faz, mas sim aquele que manda fazer. Infelizmente essa situação é muito comum em nossa crença. Existem muitos "pais" e "mães" de santo despreparados sem conhecimento da verdadeira doutrina para espíritos trevosos e com isso denigrem o nome da religião.*

A explicação para isso tudo parece algo complexo e difícil, porém não é, existe apenas uma questão: a do dom. Tanto isso é verdade que quantos profissionais encerram suas carreiras antes mesmo de construí-las? Tudo porque não tinham dom para exercer tais profissões. Dessa mesma forma, o dom também está relacionado nas escolhas sacerdotais, independentemente de sua fé ou religião. O dom é algo que adquirimos ao nascermos, vem de berço, não é algo que se conquista. As escolhas são feitas através daquilo que mais nos atrai, cada um veste a roupa que melhor lhe convier ou a que melhor lhe cai. Cada ser humano ao nascer traz consigo sua luz ou certo grau de mediunidade; isso é, sem dúvida nenhuma, um dom divino, atua sob a lei de causa e efeito. Portanto, nossas escolhas estão intimamente ligadas a essa dádiva divina, o dom. Fazer parte desta ou daquela crença é apenas uma questão de preenchimento, atração ou confiança naquilo que se deu crédito. O importante nisso tudo é praticar a verdade, sendo ela única e incontestável: Deus.

A religião da verdade está na natureza, nos mares, montanhas e bosques. Religião quer dizer Re-ligare, é tornar a unir-se a Deus. A verdadeira prática religiosa é a do amor, só ela é capaz de formar os elos cristãos. Não há religião absolutamente falsa nem absolutamente verdadeira. Todas são ramos de um mesmo tronco, porém usam roupagens diferentes conforme o tempo e as raças. Procurar ganhar adeptos para uma doutrina é o mesmo que pretender que as células hepáticas funcionem como células nervosas.

Por tudo isso, concluímos que todas as religiões são advindas da Bíblia, muito embora não sejam citadas ou mencionadas em seus parágrafos. Cada uma traz em si seus rituais próprios, porém seguindo um só caminho: o do Criador. Isso quer dizer que todas as crenças que buscam ensinamentos divinos estão corretas, pois trilham o mesmo percurso, ou seja, buscam abrir as portas da razão humana, demonstrando que sem a luz divina pode-se cair em trevas densas e sofridas. Uma religião começa onde termina a outra. Nós devemos, simplesmente, respeitar a opção de cada um, pelo simples fato de ninguém ser o dono da verdade, a única certeza que temos é Deus e é "Ele" quem nos suscita amor e nos inspira sabedoria. Todo homem é um templo de Deus, desde que saiba andar com retidão, justiça e verdade.

Graudon: Milagre dos pães e dos peixes

Funções e obrigações dos iniciados

Adam e Eve, 1504: Albrecht Dürer

Segundo relato bíblico da criação, o primeiro casal típico (Adão e Eva) representa simbolicamente a tentação; a serpente, a vergonha ou a expulsão do Paraíso; e fruto proibido representa o livre-arbítrio da humanidade, "o materialismo". Cabe a todo e qualquer bom religioso escolher qual caminho deverá seguir. A opção pelo espiritismo, umbanda ou candomblé é uma missão um tanto árdua, sofremos muitas perseguições e discriminações, mas tudo pela falta de discernimento naquilo que se pratica. Visando amenizar esse problema, decidimos quebrar certos tabus; muitas vezes por falta de conhecimento ou diálogo entre pais e filhos de santo, surgem dúvidas aos médiuns iniciados e estes passam a ter insegurança, perdendo a fé e desacreditando até mesmo na existência Divina. Por falta de compreensão, se perdem na metade do caminho.

Existem muitos fatores determinantes na Umbanda, o primeiro é sem dúvida a teoria, só depois a prática. Infelizmente as pessoas agem de forma diferente. Primeiro buscam a incorporação e somente depois o conhecimento filosófico, o que torna o desenvolvimento mais difícil. A maioria dos médiuns e até mesmo "Pais de Santo" que se afastaram da crença e fecharam suas casas, barracões ou roças certamente tiveram essa finalidade pela falta de compreensão do dom mediúnico. Por conta disso, utilizam de maneira incorreta essas energias, contribuindo para que o certo se tornasse errado. Fazendo com que ocorresse um atraso em suas evoluções tanto material como espiritual.

A exemplo disso, podemos citar um problema bastante comum principalmente nos centros de Umbanda, o uso de bebidas alcoólicas. Esse com certeza é um dos maiores questionamentos proferidos à religião, além de ser um grande problema. Afinal, por que existe a necessidade da utilização do álcool em rituais espíritas, seria ele algo imprescindível?

A utilização do álcool tem um significado apenas simbólico, isso porque a sua representação está associada ao fogo, um dos elementais da natureza extremamente ligado ao homem, mas principalmente a Exu. Na verdade, mesmo com a morte do corpo físico, o espírito desencarnado ainda mantém alguns vícios terrenos, permanecendo, nesse sentido, o desejo, a tentação e ainda o materialismo humano. Somente depois de sua evolução é que ocorrerá a libertação total dos vícios terrenos. O certo é que não há necessidade de fazer uso e nem tampouco oferecer bebidas a toda e qualquer entidade espiritual. Existem casos em que o médium recebe a autorização do chefe para beber, no entanto, se ainda está em fase de desenvolvimento, certamente isso não acabará bem, o espírito manifestado com certeza se afastará, dando vazão para uma infinidade de besteiras.

No caso de Esú (Exu), não é diferente: pois se deve doutriná-lo a não fazer uso de otim (bebidas alcoólicas), para não prejudicar o médium, não misturando vibrações do espírito com o álcool e principalmente para desprender-se dos vícios humanos. As bebidas de álcool destinadas a Esú (Exu) entregam-se na ganga (casa de exu), com suas demais oferendas. Além disso, podem ser substituídas por aruá (bebida indígena feita com gengibre, rapadura e água), capaz de realizar todas as funções necessárias, como a lubrificação das cordas vocais que secam pela utilização da fala.

Dentro da Umbanda a doutrina dos espíritos é muito importante assim como a do médium. Não façam como muitos leigos o fazem, iniciar pessoas em cemitérios, encruzilhadas, misturando com álcool, drogas e sexo, isso não existe e é charlatanismo. As vidas mundanas relacionadas com o sexo depravado são fatores que dificultam o desenvolvimento espiritual, retardando o processo evolutivo.

As pessoas que fazem parte de uma crença religiosa, com dogmas e rituais sagrados, precisam saber que em dias de ritual seu corpo necessita ser preservado, pois receberá energias puras intimamente ligadas ao astral. Nesse sentido, deve-se resguardar para tais forças, necessitando encontrar-se em estado de Alfa ou princípio ativo, isto é, estar em sintonia e equilíbrio total absoluto com seu anjo de guarda nos dias de rituais. É nesse momento que tanto médium da Umbanda, do Espiritismo ou (Yao) Candomblé deverá "desvestir-se" de seus problemas materiais, entregando-se de corpo e alma ao estágio transitório ou a energias espirituais positivas. Todo médium precisa realizar suas funções preparado com o coração, para receber e também dar um pouco de si.

Talvez no parágrafo anterior recebamos alguns questionamentos de estudiosos e entendidos no assunto, pelo fato de citarmos o estado Alfa, sendo este um termo esotérico, não tendo nada a ver com Umbanda e Candomblé. Quando resolvemos quebrar alguns tabus, foi exatamente nesse sentido, o de fazer relações, demonstrações e associações das práticas utilizadas nos rituais, tanto no que se refere a um simples banho para purificação, até a alquimia como forma de transformações e renovação. Tais particularidades serão detalhadas no decorrer de toda esta obra.

Pertencer à Umbanda ou ao Candomblé é algo fascinante, eles possuem muita força, mistérios e magias que devemos utilizar para o melhoramento pessoal. O caminho não é fácil, o médium deve estar canalizado, atuando dentro dos princípios corretos, consequentemente, enriquecerá. Não financeiramente, como muitos acreditam, mas como pessoa, em termos da prática da convivência, da reflexão, da harmonia e respeito pelos irmãos, acreditando que tudo isso faz parte de uma crença que luta pelo aperfeiçoamento.

Tudo parece contraditório diante das realidades expostas diariamente por nossos irmãos de santo, porém devemos mudar esse discurso. Essas nuances do comportamento dos médiuns passam a ser mais bem compreendidas se praticada essa ética.

Tudo se transforma, o homem se transforma, a ciência se transforma e a sociedade como um todo se transforma. Assim é que o pensamento primitivo de que a esta crença não cabe o bom relacionamento e nem tampouco a união tem de se transformar. Existe a necessidade de equilíbrio e manutenção de nossa religião.

Além disso, existem dois aspectos primordiais para o preenchimento das lacunas abertas dentro de nossa crença espiritual: primeiro o aspecto social, em que o médium passa a ter uma condição diferente, tanto no bom como no mau sentido. Isso porque existem aqueles que têm boas referências e aqueles contrários à fé, acreditando ser algo diabólico, cabendo a seus participantes a responsabilidade de demonstrar que não é nada disso. O segundo aspecto é o de crescimento pessoal, em que se iniciam os trabalhos de beneficência, isto é, a sensibilização com a necessidade do próximo. Para cumprir a missão que nos cabe, não são necessários um cargo diretivo, uma tribuna ou uma fortuna de milhões, basta entender os mandamentos de trabalho que nos competem. A mediunidade tem um preço, "a quem muito é dado, muito será cobrado". Por que muitos médiuns se afastam da religião espírita? Por que não levaram a sério, será que são demônios que lhes tiram seus bens? Afinal, quem são os culpados? O espiritismo existe desde o princípio do mundo material, isto é, desde o surgimento da geração humana. Nós somos os únicos responsáveis pelos erros e acertos de nossas vidas. Cobranças não acontecem somente na religião espírita, mas sim em todas as crenças. O ser humano é muito ingrato, esse cármico nós trazemos desde nossos ancestrais. Adão e Eva, Caim e Abel, a ignorância, o orgulho, a inveja e o ciúme. Nosso erro é querer que a religião resolva todos os problemas. Quando não se encontra ouro, o dinheiro fácil, o que acontece? Essa religião não presta, não trouxe nada de bom. E assim podemos dizer que o médium que pensa dessa forma certamente passará de religião em religião, não chegando a lugar nenhum.

Dentro da Umbanda, as pessoas buscam mais pelo Esú (Exu), para resolver seus problemas, por se tratar de um espírito simpático na comunicação e mais próximo do homem. Portanto, os médiuns devem estar preparados, principalmente os sacerdotes e missionários, para que de maneira mais prática se possa encaminhar essas pessoas, filhos de santo, membros da casa e consulentes, para que o Exu utilize sempre o dom da palavra na Confraria ou terreiro, observando constantemente o que se pode e o que não se pode fazer.

É tempo de renovar, a Umbanda é um dos verdadeiros cultos, é a religião das religiões, o grande culto aos espíritos desencarnados e encarnados na Terra. E desse culto participam os espíritos evoluídos, são eles os nossos mestres e orientadores da doutrina. Vamos renovar pra-

ticando a fé e a união, nos unindo para fazer da nossa religião o leme que empunhamos e que nos leva em direção ao nosso destino.

A palavra é o dom mais rico do universo. Em todos os trabalhos espirituais pode-se fazer uso da autossugestão, tanto nas consultas, palestras espirituais ou nos trabalhos de umbanda, e até mesmo na conversação com as pessoas utiliza-se dessa dádiva com mensagens de amor e reflexões.

Toda sociedade de pessoas religiosas, que lutam em prol de sua felicidade e bem-estar do próximo, tem como dever a manutenção da ordem ou instituição. Portanto, seus membros devem conhecer suas obrigações, cada qual com sua filosofia e rituais próprios. Todavia, as que estão ligadas mais ao lado espiritual exigem muita doutrina, preparação do corpo, da mente, desligamento de tudo o que é material e abstinência sexual e alcoólica, estando livres das imperfeições, tendo como objetivo a busca pelo conhecimento e aperfeiçoamento cristão. A missão do médium é purificar os espíritos e evoluir juntamente com eles, elevar-se em planos do alto astral, essa é a função primeira que cabe ao médium, essa é a verdadeira missão do espírita.

Em tempos mais remotos havia muito respeito nas casas de santo ou roças, até mesmo em trabalhos ou festas públicas os participantes estavam com roupas decentes e era proibido entrar se estivesse sob efeito alcoólico. E assim também nos terreiros as pessoas faziam o maior silêncio para não perturbar os Orixás de Candomblé ou os espíritos da Umbanda. Era tamanho o respeito que para pronunciar o nome do Orixá se pedia licença à Terra. Hoje os tempos são outros, todavia as questões do respeito devem ser praticadas, diariamente, para manutenção e preservação da ordem filosófica.

Em vista disso, aspira-se que estas informações possam contribuir com o raciocínio lúcido, no intuito de definir a Umbanda, e até mesmo o Candomblé, não apenas como sendo cultos aos espíritos e forças da natureza, mas como um vasto e harmônico conjunto de forças espirituais, que nos ligará à construção do caminho da reflexão e renovação. Ressalvando, é claro, as devidas proporções de cada uma dessas religiões.

Capítulo II

Criação dos Anjos e Demônios

Criação dos Anjos e Demônios

Foram necessários milhões de anos após a grande explosão do Big Bang para que a humanidade pudesse evoluir e atingir o jardim do Éden, símbolo do paraíso celeste e da ordem cósmica. É a imagem do homem livre do pecado. No jardim dos Hesperídios, na mitologia grega, nasceu a árvore com maçãs de ouro, representadas quase sempre como símbolo da Árvore da Vida. O jardim murado em que só podem entrar por um portão estreito simboliza as dificuldades e obstáculos que devem ser superados antes de alcançar um nível de desenvolvimento espiritual mais elevado.

Luca Giordano: Archangel Michael

O diabo, satã ou demônio, no sentido de anjos caídos, nada podem contra o ser humano. Por isso, ignoramos a existência deles. O homem é o único responsável pelos erros e acertos que faz em sua vida. O homem através do livre-arbítrio pode ser tanto "Deus" como Demônio. Existem nos caminhos dos homens espíritos malignos (não são anjos caídos), na verdade são espíritos desencarnados, ignorantes, não têm discernimento do que é certo e errado. Cabendo aos homens da terra cuidar tanto dos espíritos como do plano espiritual de cada um.

Sebastião Ricci: A Queda dos Anjos Rebeldes

"*No princípio era o verbo, e o verbo era Deus, Ele estava no princípio com Deus.*" (João 1:1-2).

A Bíblia Sagrada diz que Deus criou o homem à sua semelhança. Toda religião que segue esse mandamento crê na duplicata exata do Cósmico do Universo. Tudo que está no Cósmico está em cada célula do ser humano. Quando Deus criou os Anjos, estes o ajudaram em sua obra, criando os principais elementos da natureza e os princípios básicos para a estruturação do mundo. A eles juntaram diversos fenômenos de outras esferas do ser.

Graças ao rei Salomão, temos hoje conhecimento dos Anjos e Demônios. Contam os manuscritos secretos que Eloim (Deus) criou os Anjos e alguns tiveram a oportunidade de circundarem a Deus. Sendo alguns responsáveis pela criação do Universo, cumprindo as ordens exatas da Providência Divina.

O rei Salomão foi o homem mais sábio da face da Terra, o mais agraciado com a sabedoria secreta dos anjos. Encontramos a hierarquia angelical como forma de entender a Pirâmide Divina. Os serafins são os primeiros junto a Deus, seguidos pelos Querubins, logo depois pelos Tronos, até chegar nos Arcanjos e Anjos que estão próximos do homem.

St. Michael: Killing the Dragon

1. **SERAFINS:** Estão ao lado de Deus, responsáveis por transmitir o amor.

2. **QUERUBINS:** Anjo de primeira categoria, são responsáveis pela transmissão da sabedoria.

3. **TRONOS:** Estes recebem mensagens de Deus e as transmitem para outras ordens.

4. **ARCANJOS:** Têm a missão de transmitir mensagens importantes.

5. **ANJOS:** Estes são os mais próximos do ser humano. Levam a mensagem de Deus ao mundo terreno.

Nos postulados secretos de Salomão, existe uma passagem, isto é, uma história entre os Anjos (abaixo dos Arcanjos): alguns deles queriam encarnar os primeiros seres humanos que Deus fez e se negaram a adorar a criação de Deus, ou seja, um espírito criado para animar o homem feito dos quatro elementos da natureza. O Arcanjo Miguel teria expulsado do paraíso os anjos rebeldes e os mandado para a Terra, onde o homem habitaria, passando a atender aos homens de dia e de noite.

Sebastião Ricci: Salomão adorando os Ídolos

O Anjo responsável pelo início da rebelião teria sido o "Angelum Bellum" e, por ser perfeito éter da consciência da criação dos espíritos e do homem, negou-se *a adorar a criação divina. Queria ser ele o primeiro homem a existir. Além disso, que o homem fosse um produto de elementais como os dos Anjos (vida eterna na matéria).*

Assim, o Angelum Bellum incitou alguns anjos a postularem aos Arcanjos um direito de não aceitarem a criação divina. O Arcanjo Miguel, para manter a harmonia, os tirou da esfera angelical, os fazendo inferiores aos homens, colocando-os em vibrações muito lentas. E, como os anjos não foram criados para encarnarem e muito menos reencarnarem, ficaram somente nos planos angelicais.

Temos duas diferenças a ser vistas, uma é a criação dos Anjos e a outra é a criação dos espíritos. Anjos não encarnados são perfeitos, já os espíritos encarnam e podem reencarnar conforme os direitos e méritos dos planos espirituais.

Aleijadinho: o Anjo da Agonia no Jardim das Oliveiras

Os primeiros espíritos foram criados por Deus para habitarem os corpos humanos, erram e têm oportunidade de se redimir. O aprendizado humano é lento, para nós, mas para Deus o tempo não existe. Os anjos foram criados milhões de anos antes do homem, são perfeitos e disciplinados por ordem de mando. O enigma que cerca a origem dos anjos somente Deus conhece.

Em sua engenharia divina, Deus — através dos milhões de anos passados — concluiu uma de suas obras, o ser humano, feito de TERRA + ÁGUA + FOGO + AR. Dessa combinação de quatro elementos unidos e modificados milhões de vezes em sua genética, nasce o ser humano, tornando-se, nesse sentido, um ser semidivino. Deus enviou os Anjos para orientar os caminhos dos homens. Por conta disso, fazem parte do equilíbrio cósmico, estão por toda a natureza, alguns estão velando pelo ar, outros se encontram nas águas dos rios e oceano. O que é preciso entender nessa colocação é que os elementais são um composto de anjos + matéria atômica, algo difícil de explicar, porém com grande poder de ordenação.

Deus criou milhares de anjos e bilhões de espíritos; quando tudo estiver pronto, virá o dia do Juízo Final, ou seja, a conclusão da Obra Divina.

Sobre isso não é possível falar. Todavia, enquanto isso não chega, os espíritos evoluídos continuam as lutas para evangelizar os homens, fazendo-os evoluir para se tornarem próximos aos anjos e assim terem o direito de habitar os planos angelicais. Em todos nós repousa a semente do que chamamos Deus, e essa essência divina contém a chave da verdadeira natureza da vida.

Vamos juntos buscar a chave de Salomão; a chave da magia; do ocultismo; dos mistérios; da força e do poder. O conhecimento simbólico refere-se ao fato de que ele tanto serve para abrir como para fechar. É através desse conhecimento que tentaremos explicar da melhor forma possível que a evolução do espírito desencarnado depende única e exclusivamente do médium, cabendo a este a responsabilidade de ambas as evoluções. Jano, deus romano das portas, era representado quase sempre com um bastão de porteiro e uma chave. Na iconografia cristã simboliza a chave dupla — o poder concedido ao apóstolo Pedro de desligar e ligar o homem de Deus.

Capítulo III

Umbanda no Brasil
Negros Africanos: Primeiro Apêndice
Candomblé no Brasil: Segundo Apêndice
Índios no Brasil: Terceiro Apêndice

Umbanda no Brasil

Habitação de negros: Johann Moritz Rugendas

Não existem registros reais que possam definir a origem da Umbanda, quando ocorreram as primeiras manifestações espirituais e nem mesmo quando foi criado o culto umbandista no Brasil. Em particular, acreditamos que a manifestação de espíritos é muito remota. Diferentemente dos rituais espíritas e umbandistas, podemos citar como exemplo o culto dos ritos Xamanistas de origem tão antiga quanto a humanidade.

O Xamanismo não pertence exclusivamente a nenhuma cultura determinada ou povo, na verdade é fruto de um acontecimento que ocorreu no despertar da consciência humana, nesse sentido é considerada parte da humanidade ou herança para toda a sociedade global. O termo é empregado para definir práticas que utilizam o estado de êxtase, o transe espiritual, o estado modificado de consciência para formar ou entrar em contato com o mundo de energias cósmicas ou espirituais. Não poderíamos deixar de citar as manifestações da Pajelança, em que os caciques recebiam e recebem os espíritos curandeiros de seus ancestrais, além é claro dos negros escravos que por sua vez também realizavam as manifestações de povos ancestrais. Vale salientar que todo esse contexto diz respeito a diferentes regiões tanto do Continente Americano como de outros. Fica claro, portanto, que é um tema em que pode se desenvolver um grande processo investigatório, no sentido de preencher as lacunas existentes no que se refere à origem da incorporação ou manifestação espiritual.

Diante das diferentes versões existentes, no que se refere à origem da Umbanda, optamos por citar a que ocorreu a partir de registros reais e fatos históricos comprovados. O primeiro barracão, ou terreiro de Umbanda, de que se tem registro deu-se no final do século XVIII, início do século XIX. Na cidade do Rio de Janeiro, realizou-se uma reunião espírita, tendo como convidado a comparecer à sessão da Federação Espírita um rapaz cujo nome era Zélio Fernandes de Morais, o qual se restabelecia de uma determinada moléstia. A origem de tal doença os médicos não conseguiram identificar. Todavia, sua recuperação ocorreu de forma espantosa e inesperada; através da manifestação de um espírito teria ocorrido o milagre da cura. E assim, na intenção de encontrar explicações plausíveis diante dos acontecimentos, o jovem foi convidado a participar da reunião e sentar-se junto à mesa. Sentindo-se deslocado, ele disse: "Falta uma flor nesta casa, vou buscá-la". Voltou com uma flor e a depositou no centro da mesa. Foi ali que ocorreram as manifestações de espíritos que se diziam ser indígenas e escravos.

O dirigente advertiu-os para que se retirassem. Nesse momento, Zélio sentiu-se dominado por uma força estranha e ouviu sua própria voz pronunciar que era a manifestação do CABOCLO DAS SETE ENCRUZILHADAS. Logo em seguida anunciou sua missão, cujas bases estavam montadas na prática da caridade, do amor e da fé. A semente deveria ser plantada e regada todos os dias pelos praticantes da crença. No dia seguinte, foi fundada a Umbanda no Brasil a fim de exercer, através dos templos espirituais, a verdadeira igualdade que deve sempre existir entre os espíritos encarnados e os desencarnados.

Para que possamos entender a filosofia umbandista, seus dogmas e seu verdadeiro desenvolvimento, é necessário que façamos um breve relato de algumas passagens da escravidão negra e indígena no Brasil, no sentido de compreender que foi através desses povos que recebemos esse grande legado de forças espirituais. Vamos a elas:

A escravidão negra e indígena no Brasil ocorreu por volta de 1548, ou seja, surge junto com a colonização brasileira.

Índios e escravos africanos, em consequência da escravidão, passaram a conviver juntos, esse convívio gerou uma busca mútua pela liberdade de ambas as raças.

Nesse período histórico já se falava a língua portuguesa, portanto conversavam e percebiam que a essência dos pensamentos de seus ancestrais era a mesma, levando-os a juntar suas culturas e conhecimentos e dando origem à mistura e surgimento de novas crenças. Entre elas podemos denominar a cultura Afro-Brasileira e Ameríndia; com essa mistura surge a Umbanda no Brasil!

Em nossa obra, faremos três apêndices distintos. O primeiro diz respeito à história exclusiva da escravidão do negro no Brasil, acompanhado dos primeiros passos da manifestação de espíritos de ancestrais africanos. O segundo diz respeito às Nações de Yorùbá, também vindas junto com a escravidão. E por último, em particular, traduziremos a escravidão indígena. Isso porque, com o período da escravidão, não surge apenas a Umbanda como religião, mas sim o outras crenças importadas com seus adeptos escravizados, sendo esses fatores determinantes e necessários para o bom entendimento do contexto histórico. Existem, portanto, forças específicas e diferentes, "tipos" de espíritos, manifestações espirituais e crenças distintas, cada qual com seu valor, função e aspecto particular, todas elas consideradas púberes para O Novo Mundo recém-descoberto pelos portugueses.

Negros Africanos: Primeiro Apêndice

Navio Negreiro (extraído do museu em Salvador, Bahia)

Os negros africanos trouxeram consigo os cultos religiosos de seus ancestrais, e ainda nas Senzalas, cultuavam seus ritos tradicionalistas.

Foi assim que os cambindas, os benguelas, os congos começaram a vivenciar o fenômeno da incorporação espiritual, dando passagem a espíritos familiares para que os orientassem quanto ao caminho que deveriam trilhar para se libertarem da escravidão em que se encontravam.

Oh! Nossos ancestrais, nas senzalas, ao forte som das chibatadas em suas costas, com o sangue a correr, ungindo todo seu corpo com a dor.

Talvez o sofrimento não fosse tanto do chicote, mas sim do cativeiro e da escravidão. Em comum não tinham senão a infelicidade de estarem todos reduzidos à escravidão, muito distantes de suas origens, mas também a Umbanda, a Paz, a Esperança, a Fraternidade, o compromisso com o Evangelho de Jesus.

No Brasil, os negros escravos tiveram como líder o espírito de **REI DE CONGO**, que incorporava em um líder dos escravos, e ali dava mensagens e orientações para que seu povo pudesse sobreviver e ser liberto da opressão e da escravatura. Assim, como **REI DE CONGO**, passaram a incorporar nos médiuns escravos outros espíritos africanos que traziam o alívio para as dores corporais e do espírito.

Durante todo o cativeiro, a religião foi se firmando e crescendo. Uma **nova era religiosa nascia** da dor, da aflição e do sofrimento.

Foi harmoniosamente que os espíritos de pretos velhos e dos índios (caboclos) passaram a incorporar em médiuns, desse modo levando aos novos caminhos da Umbanda. Nesse período, o Kardecismo era moda, mas mesmo assim surge a Umbanda. Hoje, são os espíritos (eguns) desencarnados desse povo massacrado que no terreiro de umbanda vêm trazer a sua palavra de amor e nos contar as histórias da escravidão e surgimento da crença. Nossos Pretos Velhos, que um dia, antes de serem escravos, foram Reis, Fidalgos, Príncipes e Princesas, eram livres em suas tribos e seus cultos.

Quantas vezes chegaram na terra (incorporando seus médiuns), para cuidar das nossas crianças, das futuras mamães nos partos e de todos seus filhos reunidos no terreiro.

À Mãe Yemonjá (Senhora do Olocum), um pedido apenas era feito. Foi através das águas da Grande Senhora que foram trazidos de tão longe, atravessando tantos mares; então pediam que essa mesma força os levasse de volta, pois tamanha era a dor da separação dos seus entes queridos. E, assim, imploravam por liberdade.

Contando suas histórias, as lágrimas corriam dos olhos, trazendo o único legado que lhes restou, a semente da sabedoria, da paciência e do vigor de uma raça que nunca teve medo de enfrentar as dificuldades, com coragem e fé, até sua libertação.

As histórias de Mãe Preta, que na beira do fogão faz as crianças lembrarem suas raízes. Não podemos esquecê-las, mãe de todas as mães.

Preto Velho surrado, acompanhado do canto das sereias nas noites de luar, nos trouxe estas maravilhas dos espíritos encantados.

Com a mistura dos povos sofridos, os índios brasileiros, povo massacrado e sofrido, senhores e donos desta terra, primeiros moradores e habitantes do país.

Candomblé no Brasil: Segundo Apêndice

Negros no porão de navio, 1840: Johann Moritz Rugendas

É muito complicado falarmos de Umbanda no Brasil sem fazer este apêndice à transição e herança das nações de yorùbá, justamente por ser através delas que se remonta a história do tráfico negreiro, que por sua vez é por demais complexo e remoto, cabendo às mais antigas sociedades e a todos os povos da alta antiguidade. Porém, traduziremos apenas a escravidão do negro no Brasil, que é o que nos interessa, no sentido de compreender os inúmeros caminhos que ela tomou, principalmente no que diz respeito ao culto e sua influência em nosso país. Os Deuses Africanos têm sua origem milenar. Diferentemente das manifestações de espíritos, o que ocorre na religião candomblecista é o transe de energias vindas dos elementais da natureza. Cada Orixá tem sua representatividade e sua essência no planeta.

Desde a antiguidade, o homem procura respostas à sua origem, os povos antigos africanos foram os que mais se preocuparam em cultuar o lado espiritual. Assim, o africano designou o espírito com o nome de Emí, e aos anjos da natureza deu-lhes o nome de Orixás. Criados com a natureza, os Orixás detêm um comando permanente sobre os elementais, que obedecem às ordens supremas de Olorumaré (Deus todo-poderoso). A ligação entre o Orum (céu) e o Aye (terra) é feita por um caminho chamado de Lonam, assim como a ligação entre homem e Orixá é realizada por Exu (anjo do caminho).

Mercado de escravos: Johann Moritz Rugendas

Somente através dele, Exu, é que o homem consegue realizar seus pedidos. A história dos Orixás tem a ver com a criação do universo, semelhante à mitologia grega, uma história encantadora trazida pelos negros africanos, que com toda certeza será por nós traduzida em nossa próxima obra, cujo tema consistirá em: A História dos Orixás.

Os muitos anos de registros históricos da escravidão do negro no Brasil afirmam acima de tudo sua obstinação pela resistência. Foi através da cultura e crença africana que o negro sobreviveu. Estava ele, portanto, ligado tanto em seu espírito de luta como na fé e crença religiosa. Apegando-se nisso, fizeram ecoar suas reivindicações através das forças da natureza e bravura de suas lideranças, pois sabiam que cada um tinha a sua representatividade e responsabilidade em particular, isto é, buscavam o poder divino conscientes de que sem luta não há guerra e sem guerra não há vitórias. Essa força brotava principalmente pelo conhecimento que tinham a respeito da mais brutal legislação que os "protegia". Nela incluíam-se os castigos, as penas, as chibatadas e os maus-tratos desde sua captura na África. Eram amontoados em porões de navios negreiros onde iam se misturando com o bater e ranger dos mastros na vastidão dos mares. Os gemidos eram de diferentes línguas africanas, vinham elas da tribo de Congo, Jejes, Batas e tantas outras que deram origem às diversas nações de Candomblé existentes no Brasil.

Foram arrancados de suas terras, vendidos como mercadoria, escravizados perderam sua personalidade, mas sua cultura, suas histórias vieram com eles, incluindo a origem dos Orixás. Entre os negros traficados havia joias raras, babalorixás, sacerdotes, reis e rainhas, sendo esses os fundadores da crença candomblecista no

Brasil. Por tudo isso é que a palavra candomblé é sinônimo de religião africana.

Durante o período de escravidão, a única religião autorizada no Brasil era a católica. Todavia, as culturas negras imprimiram marcas profundas de seu simbolismo. Para tanto, utilizaram-se do espírito de luta que havia dentro de cada um, apegaram-se à figura da Grande Mãe Terra, sentida ao mesmo tempo como fonte de vida e de esperança de novos caminhos. Para os negros, a Terra e seus elementos são associados aos Orixás. Segundo antigos sacerdotes, a Terra emite uma energia receptiva, através de rituais próprios pode-se atrair a força e a prosperidade.

Nos dias de abates de animais, aproveitavam-se partes da carne que eram desprezadas pelos patrões, no sentido de alimentar a Terra dentro de rituais da cultura yoruba, para adquirir forças, energias, segurança em sua vida, esperança e até mesmo paciência para passar pela provação que lhes foi determinada. Com o restante, se alimentavam. Muitas vezes seus senhores participavam da comunhão com os Orixás mesmo sem saber.

Com seus cânticos e invocações, realizavam suas oferendas (asés). Para tanto, associaram os santos católicos com seus protetores, dando um duplo sentido às imagens. Em um determinado lugar estava um busto de um santo católico, sendo que embaixo da terra estavam seus assentamentos (otás) — pedra do Orixá. Quando os senhores chegavam, os negros estavam rezando em sua língua (yoruba), para os santos católicos, e assim seus senhores pensavam estarem convertidos.

É justamente por isso que existe a relação de santos católicos com Orixás de candomblé. Esse foi o caminho encontrado pelos negros para ludibriar seus senhores, no sentido da conversão ao catolicismo. A exemplo disso, podemos citar várias relações:

Santo Antônio: no início do culto no Brasil, Exu era associado a esse santo, tendo origem na Igreja católica como santo da fertilidade. Nas imagens antigas, Sto. Antônio carregava um ogó, mais tarde os padres trocaram pela criança. Alguns ainda associam esse santo a Ogum.

- Jesus Cristo: Oxalá

- São Jorge: Ogum e Oxóssi

- São Sebastião: Oxóssi

- Nossa Senhora da Conceição: Oxum

- São Cosme e Damião (gêmeos): Erês ou Ibeijis

- Nossa Senhora dos Navegantes: Iemanjá

- São Roque: Omolu

- São Lázaro: Obaluaiê

- São Bartolomeu: Oxumarê

- São Pedro: Xangô
- Santa Ana: Nanã
- Santa Bárbara: Iansã

Mesmo depois da libertação dos escravos, ainda ocorreram muitos anos de perseguição ao negro no Brasil. Alguns corajosos enfrentaram leis, polícia, Igreja e a sociedade, e assim fundaram seus ylês (casas de santo, barracões, roças, casas de Candomblé).

Casa Branca do Engenho Velho

Gantois

A primeira casa de candomblé inaugurada neste país foi a Casa Branca do Engenho Velho da Bahia, sendo uma das primeiras a se organizar nos meados do século passado, tomado como referência por Edison Carneiro (1947), escritor brasileiro. Dela deriva o Gantois da falecida Mãe Menininha do Gantois, do qual faço parte. Esse Asé foi e ainda é bastante preferido por estudiosos da cultura negra. Asé Opô Fonjá, das iyálorisás Aninha e Senhora, de onde as raízes foram se alastrando.

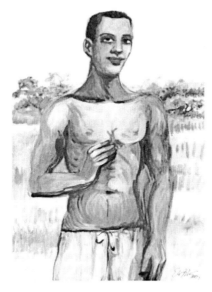

Com a presença de grandes personalidades nesses terreiros onde negros, brancos e muitas raças passaram a participar juntos da comunhão dos Orixás, foi que o Candomblé levou suas origens a diversas cidades do Brasil, principalmente Salvador, Recife, Rio de Janeiro, São Paulo e outras regiões.

Não poderíamos deixar de citar um grande personagem negro, que fugindo sertão afora da Bahia, por matas cerradas, liderou quilombos. Zumbi dos Palmares foi quem lutou pela liberdade dos negros escravos, ficou conhecido por sua bravura e estratégias militares, Zumbi assumiu a liderança do Quilombo dos Palmares.

Desde o período medieval, a Igreja já obtinha o domínio sobre a humanidade. Vendia o perdão através da fé. Mantinha a população sob total domínio. Absolvia ou punia pessoas. Mantinha total influência na sociedade como um todo, estendendo esse controle tanto para o escravo africano como também para o índio. O controle que o clero exercia sobre a cultura produzia uma visão do mundo direcionada apenas para a Igreja. As pessoas que fugiam de suas doutrinas eram acusadas de serem diabólicas, monstruosas e até hereges. Toda essa história foi traçando seu percurso, sua marca, a própria Santa Inquisição nos demonstrou isso.

Índios no Brasil: Terceiro Apêndice

Debret

No Brasil, a Igreja Católica apoiava os senhores capitalistas a terem como escravos outros seres humanos. Além dos negros trazidos da África para o país com essa finalidade, encontra-se também o Índio. A denominação indígena era traduzida como cães e porcos selvagens na maneira de se tratarem. Contudo, deviam sentir-se privilegiados por serem "salvos" do purgatório pelos padres jesuítas.

Famílias indígenas foram assassinadas em nome de Deus e outras escravizadas. Isso por não aceitarem a aculturação. Entretanto, os povos evangelizados ajudaram a Igreja a aumentar suas riquezas e auxiliaram cada vez mais os senhores do capitalismo.

Índios caçando: Johann Moritz Rugendas

Povo sem alma, sem salvador, adoradores da natureza, sem cultura e de enorme diversidade física — era essa a classificação dos índios aos olhos dos colonizadores. Era preciso cristianizar os povos "bárbaros", considerados assim por viverem em contato permanente com a natureza e com os animais selvagens. Por isso mesmo, conheciam a natureza e sabiam viver em harmonia com ela. Detentores da magia das ervas, eram curandeiros e sacerdotes.

Os índios sabiam reconhecer que a natureza era a garantia da sua vida. Entretanto, por respeitar esses princípios, agradecer ao sol por seu calor, à lua pela claridade da noite, às estrelas por enfeitarem seus passos, com seus rituais e danças, sofreram grandes penas e sofrimentos. A partir daí, deu-se início à perseguição ao culto popular indígena devendo esse povo ser evangelizado o mais rapidamente possível.

Portanto, pode-se ver o quanto as características do passado influenciaram tanto na colonização do Brasil como na condição religiosa. Assim, durante séculos  aceitou-se o fato de não se compreender as pessoas que por si só agregavam concepções e crenças diversas. Um complicado quebra-cabeça que trabalha com a questão do sentimento, do desejo de cada um, atingindo aqueles que são contra o poder. Não diferentes dos negros africanos, através de sua fé e devoção, apanhavam restos de farinha de mandioca e outros grãos, com objetivo de servir suas divindades com pratos e comidas típicas, a fim de adquirir forças para lutar por sua liberdade.

Com a ignorância dos reis e imperadores, pelo domínio e poder de toda a riqueza desta terra e deste país, pouco a pouco a raça indígena foi sendo exterminada. Hoje poucos índios restam no Brasil, nossos comandantes lhes tiraram tudo o que possuíam, incluindo sua liberdade.

Índios: Johann Moritz Rugendas

Não suportando a escravidão, por se tratar de um povo livre, acostumado com a natureza, muitos morreram nos próprios cativeiros.

Hoje, na nossa Umbanda, esses espíritos (eguns) desencarnados nos trazem um grande aprendizado sobre as raízes, as plantas e as folhas. As Iaras, as ondinas, as caboclas, os caboclos da mata virgem, os espíritos encantados dos índios guerreiros das florestas da Amazônia que lutaram muito pelo seu povo nos deixam muito clara essa lição. Uma sociedade que foi dizimada e destruída pelo poder dos conquistadores não deixou de lado suas origens e sua crença, deixando-nos, portanto, um grande legado, o da medicina alternativa. Através deles aprendemos o poder mágico das folhas, força vital imprescindível à realização de qualquer ritual. Se ingerida ou aplicada de forma correta gera a capacidade de cura, amenizando dores e sofrimentos. Entretanto, para que se possa fazer bom uso dela, é necessário que se tenha o conhecimento do que elas provocam.

Pela mistura dos negros com as tribos indígenas e com a religião dos Santos (missionários), houve uma junção, tanto de conhecimentos como de força espiritual. Através dessa ligação entre a cultura indígena e a negra é que ocorre o entrelaçamento e surgimento da crença, originando-se definitivamente a Umbanda Brasileira, que se pratica até os dias de hoje. É à raça indígena que muito devemos, principalmente na cultura ameríndia.

Capítulo IV

Espíritos de Umbanda, os Encantados
Pretos Velhos: orações e simpatias
Ògún: Encantados de Umbanda
Caboclos de Oxóssi: Encantados de Umbanda
Omolu: Encantados de Umbanda
Òsúmáré: Encantados de Umbanda
Nànà: Encantados de Umbanda
Osún: encantados de Umbanda
Yansan: Encantados de Umbanda
Erês ou Igbejis: São Cosme e São Damião
Iyemonjá: Encantados de Umbanda
Sàngo: Encantados de Umbanda
Òsàálá: Encantados de Umbanda
Baianos
Linha do Oriente
Esú de Umbanda

Espíritos de Umbanda, os Encantados

Originalmente todas as forças existentes no planeta e no universo são advindas de um só lugar, isto é, do Grande Cósmico. Todavia, existem diferenciações e considerações extremamente relevantes no contexto espiritual. A representatividade de cada força consiste apenas em uma diferença, um quer dizer força da natureza e a outra, espírito desencarnado (egum), que nada mais é do que espírito de morto.

Pretos Velhos: orações e simpatias

Os Pretos Velhos de Umbanda, já citados, são espíritos desencarnados de negros africanos que vieram para o Brasil na condição de escravos dos portugueses. São almas santas (conquistaram essa santidade pelo sofrimento que tiveram em vida), são almas benditas (foram recomendados por Jesus), pelo exemplo de abnegação. Foram torturados e nunca maldisseram a Deus, as provações a que foram submetidos eram por demais pesadas e, mesmo assim, rezavam pedindo misericórdia a Deus.

Os Pretos Velhos são entidades espirituais que nos demonstram que devemos sempre dar de graça aquilo que recebemos de graça, e só no amor, na caridade e na fé é que podemos encontrar a caminho da luz: Deus. Trazem a força de Deus a todos que queiram aprender e encontrar uma fé. Sem ver quem, sem julgar ou colocando pecados, mostrando que o amor, a fé em Deus, o respeito ao próximo e a si mesmo podem aliviar os sofrimentos do carma e elevar o espírito para a luz divina, fazendo com que as pessoas entendam e encarem seus problemas e procurem suas soluções da melhor maneira possível dentro da lei da causa e efeito. Se a pessoa se fortalece e cresce, consegue carregar mais comodamente o peso de seus sofrimentos. Ao passo que, sem o amor e a fé, se entrega à dor e ao desespero, enfraquece e sucumbe por terra pelo peso que carrega. Então cada um pode fazer com que seu sofrimento diminua ou aumente.

Dentro do ensinamento espírita trazido por eles, aprendemos que: cada um colherá aquilo que plantou. Se tu plantas vento, colherás tempestade. É somente com a luta que o sofrimento pode tornar-se alegria. Nesse sentido, tirar proveito da dor, tomando consciência de que podemos aprender com os erros e ainda podemos adquirir o crescimento e a felicidade do futuro. Não seja egoísta, aquilo que te for ensinado passa aos outros e aquilo que recebeste de graça, de graça tu darás. Porque só no amor, na caridade e na fé é que vós podereis encontrar o seu caminho inteiro, a luz e Deus.

Pretos Velhos: orações e simpatias

Oração para se proteger dos inimigos ocultos visíveis e invisíveis

Antes de iniciar a oração, separar um galho de arruda ou de alecrim e um copo com água. De forma simbólica, conforme a oração é recitada, molhar os galhos na água e bater levemente com esses galhos no ar para retirar os males da pessoa.

Começa a benzer recitando a seguinte reza:

São Marcos me marque, São Manso me amanse.

Se meus inimigos tiverem pés, que não me alcancem; se tiverem mãos, que não me agarrem.

Olhos, que não me vejam; se tiverem más intenções em seu coração, que se apartem de mim.

Assim como São Marcos e São Manso foram ao monte e havia leões bravos, São Marcos e São Manso os transformaram em pacíficos cordeiros.

Assim meus inimigos se tornem pacíficos embaixo dos meus pés.

Assim como São Marcos e São Manso com suas santas palavras (realizem meu desejo). Em nome de Deus, que meus inimigos da direita e da esquerda, de frente ou de trás, não tenham poderes sobre mim.

Se tiveres cão de fila, retire-se do meu caminho e imediatamente se abra a porta.

Assim como Nosso Senhor Jesus Cristo desceu da cruz para nos salvar, como Pilatos, Herodes e Caifás foram os seus algozes e o Pai consentiu que todas as espécies de tiranias lhe fossem aplicadas, pelo poder de Nosso Senhor Jesus Cristo quando se viu cercado pelos algozes e disse "sunsuncorda" e todos caíram no chão.

São Marcos e São Manso, abrandem o coração de meus inimigos ocultos declarados vivos e mortos, animais ferozes, rastejantes e venenosos.

São Marcos e São Manso, protejam meu corpo contra as armas de corte e de fogo e protejam minha alma.

Da justiça serei protegido e não serei perseguido.

Meus inimigos encontrarei, não me farão mal; nem eu farei a eles.

Andarei, não andarei, um cruzeiro encontrarei.

Que o poder de Deus Onipotente recaia sobre meus inimigos, que fiquem imóveis e paralisados como pedra até que tudo se passe.

Hoje... amanhã... e sempre.

Assim seja... se faça... se cumpra...

Amém... amém... amém...

Oração para tirar pragas e maus-olhados

Antes de iniciar a oração, separar um galho de arruda ou de alecrim e um copo com água. De forma simbólica, conforme a oração é recitada, molhar os galhos na água e bater levemente com esses galhos no ar para retirar os males da pessoa.

Começa a benzer recitando a seguinte reza:

Nosso Senhor Jesus Cristo veio em paz e o Verbo se fez carne, Cristo nasceu da Virgem Maria.

Em nome de Deus e do Santíssimo Sacramento, que seja aniquilado todo mal que me pusestes:

Deus me benza;

Deus me defenda;

Deus me defenda de todo mau-olhado e de todo mau pensamento que quiserem me colocar.

Tu és o ferro;

Eu sou o aço;

Em nome de Deus eu te embaraço.

Oração para livrar da prisão de problemas de justiça

Antes de iniciar a oração, separar um galho de arruda ou de alecrim e um copo com água. De forma simbólica, conforme a oração é recitada, molhar os galhos na água e bater levemente com esses galhos no ar para retirar os males da pessoa.

Começa a benzer recitando a seguinte reza:
Valei-me, São Cipriano Bispo, batizado, servo de Nosso Senhor.
Jesus Cristo, filho de Deus Pai Onipotente.
São Cipriano, espírito de magia e transformação.
São Cipriano, ouviste Deus Onipotente e presta atenção nas maldades em que se meteu na terra por obra do demônio, pois tu não sabias teu verdadeiro nome.
As ovelhas não tinham pastos, as nuvens não traziam nuvens sobre a terra, as mulheres não entravam em trabalho de parto, o mar não tinha peixes para o alimento do ser humano.

Oração para cura de doenças

Antes de iniciar a oração, separar um galho de arruda ou de alecrim e um copo com água. De forma simbólica, conforme a oração é recitada, molhar os galhos na água e bater levemente com esses galhos no ar para retirar os males da pessoa.

Começa a benzer recitando a seguinte reza:
Senhor, peço que me livre do temor da morte.
Ilumina meus olhos para que nunca adormeçam na morte.
Nem possa dizer que meu inimigo prevaleceu contra mim.
Também espero em tua misericórdia e recitarei salmos em teu nome. És o meu Salvador, a minha fortaleza. Este é o meu Deus e eu o glorificarei.
O mar se abriu, se abriu e precipitaste todos os carros dos faraós com todo seu exército. Os mais notáveis príncipes submergiram ao mar Vermelho.
Ilumina meus olhos, Senhor, com a verdadeira luz, a fim de que não fiquem fechados com o sopro eterno.
Que meu inimigo não prevaleça sobre mim.
Meu Anjo está comigo. Com meu Anjo eu andarei. Com meu Anjo estarei.
Eu te invoco, Senhor, que estejas confinado ao meu corpo com teu Divino Manto.
Assim seja, assim se faça, assim se cumpra.
Amém, amém, amém.

Simpatias para crianças com raquitismo (doença de minguá)

Antes de iniciar a oração, separar um galho de arruda ou de alecrim e um copo com água. De forma simbólica, conforme a oração é recitada, molhar os galhos na água e bater levemente com esses galhos no ar para retirar os males da pessoa.

Em seguida pegar:

1 retrós de linha branca

1 prato com água

Medir sete vezes a altura da criança com a linha, e a cada medida corta-se a linha com esse tamanho.

Medir sete vezes de braços abertos (de dedo a dedo).

Juntam-se todas as medidas e corta-se com uma tesoura em sete pedaços todas as medidas dentro do prato com água, enquanto recita:

Deus me benza.

Deus me defenda.

Juntam-se as alturas das sete medidas de linha, com auxílio de uma tesoura, inicia-se o corte da linha em pedaços pequenos, que estes, ao serem cortados, caiam dentro do prato com água. Dentro desse ritual se dá início à reza:

Quem está realizando a simpatia faz a seguinte pergunta:

O que eu estou cortando?

A mesma pessoa responde:

Corto o mal de doença de minguá.

E continua recitando: Pelo poder de Sant'Ana, eu corto todas as doenças de minguá, seja por vermes, seja pela corrente sanguínea, seja pelo homem, pela mulher, por malfazejo, mal paga e feitiçarias, até chegar no último pedaço de linha.

Cada vez que inicia um corte na linha, recomeça a oração à Santa'Ana, sendo que se deve repeti-la por sete vezes até chegar no último corte.

Após chegar no final da linha, ou seja, concluir o corte, despeja-se a água do prato junto com os fios cortados, em um pé de uma árvore.

É necessário que esse benzimento ou simpatia seja repetida por sete vezes. De preferência uma vez por semana.

Simpatia para cortar bronquite

Antes de iniciar a oração, separar um galho de arruda ou de alecrim e um copo com água. De forma simbólica, conforme a oração é recitada, molhar os galhos na água e bater levemente com esses galhos no ar para retirar os males da pessoa.

Em seguida pega-se:

1 prego

7 fios de cabelo do chacra da cabeça da criança, ou seja, da parte superior, região da moleira

2 ovos

Esta simpatia deverá ser feita no pé de uma árvore.

1 - Deixar a criança encostada no tronco da árvore.

2 - A criança deverá segurar um ovo em cada uma das mãos.

3 - Com 1 galho de Arruda ou Alecrim vai rezando na cabeça da criança:

São Marcos e São Manso subiram no alto da montanha e lutaram com o leão bravo.

São Marcos e São Manso, acalmai e curai a bronquite desta criança (dizer o nome da criança).

São Marcos e São Manso, desterrai todos os problemas do ar, do pulmão desta criança e sejam descarregados nas profundezas dos sete mares.

São Marcos e São Manso, assim como estou cortando este mal embaixo desta árvore, assim como esta criança cresce, que o mal se acabe.

4 - Quebrar os galhos que foram rezados na criança e jogá los para trás dela.

5 - Com uma faca, mede e marca o tamanho da criança encostada na árvore. Mantendo a faca na árvore, a criança deve dar um passo em frente, retirando-se da árvore.

6 - Simbolicamente, em nome de São Marcos e São Manso, vai cortando em forma de cruzes o tronco da árvore até chegar ao chão.

7 - Colocar os sete fios de cabelo separados anteriormente no ponto marcado com a faca indicando a altura da criança.

8 - Pregar os fios de cabelo com o prego solicitado na receita, no ponto marcado com a altura da criança, sempre rezando e dizendo: "Assim que esta criança passar deste tamanho, este mal de bronquite ficará para trás".

9 - Passar os ovos que a criança estava segurando por todo seu corpo.

10 - Jogar os ovos, por trás da criança, no tronco onde está o cabelo pregado na árvore (quebrar os ovos no tronco).

11 - Apanhar a água que foi utilizada para benzer com as folhas e jogar por cima da cabeça da criança sem molhá-la, ou seja, jogar no tronco da árvore.

12 - Retirar a criança sem que ela olhe para trás.

13 - Repetir o processo durante nove luas minguantes.

Sendo feito com dedicação, o resultado será eficaz.

As simpatias feitas em árvores são rápidas, pois os espíritos das árvores sempre estão presentes e atendem rápido aos pedidos dos homens.

Obs.: se a bronquite é crônica, buscar no capítulo das receitas de ervas medicinais os chás e esfregações específicos para essa moléstia, no sentido de auxiliar no combate à doença. Com os tratamentos de simpatia, remédios de ervas e acompanhamento médico, a cura será certa.

Simpatia para tirar olho grande de crianças

1. *Quebranteira: separar um maço bem grande lavado e depois cozido em água.*
2. *Coar esse banho e colocar em uma banheira.*
3. *Pegar um ovo e passar por todo o corpo da criança.*
4. *Quebrar o ovo dentro do banho. Em seguida, colocar a criança na banheira dando o banho normalmente e invocando a presença dos Pretos Velhos para que livrem aquele ser do mau-olhado etc.*

Preparar:

Erva doce sem talos

Arruda sem talos

Hortelã sem talos

Misturar todas essas ervas em uma panela com um pouco de azeite de dendê, fazer uma fritada sem deixar queimar, apenas amolecer as ervas deixando sair seu sumo.

Assim que a criança for retirada do banho e estiver bem sequinha, esfregar delicadamente o sumo das ervas em temperatura ideal nas costas, na barriga, enfim massagear o corpo todo da criança. Enrolar e vestir a criança assim que terminar a esfregação. Dar chá de funcho ou camomila para ela tomar.

Obs.: esse remédio é quente, portanto não pode existir vento encanado no momento de sua realização. Nos próximos três dias, evitar que a criança tome frio ou seja exposta ao vento.

Simpatia para diminuir a tireoide

Antes de iniciar a oração, separar um galho de arruda ou de alecrim e um copo com água. De forma simbólica, conforme a oração é recitada, molhar os galhos na água e bater levemente com esses galhos no ar para retirar os males da pessoa.

Antes de iniciar a reza, pegam-se sete pedaços de fita do tamanho da largura do pescoço, deixando-os apenas colocados sobre o pescoço.

Começar a benzer recitando a seguinte reza:

São Sebastião, cortai este mal da tireoide, assim como fostes amarrado com seu corpo dilacerado por flechas. Pelo poder daquele que tudo pode no céu, na terra e nos infernos. São Sebastião, eu amarro este mal de garganta assim como foste amarrado dos pés às mãos. Pelo poder do Divino Espírito Santo, todos que lhe rogam são imediatamente atendidos.

Depois de finalizada a oração, pegar os sete fios de linha e amarrar um a um em sete árvores distintas, invocando o nome de São Sebastião para que diminua o mal de tireoide. Repetir por sete vezes.

Defumação

Limpeza espiritual da casa para negócios e abertura de caminhos.

1. Brasa bem viva.
2. Incenso de Igreja.
3. Canela em casca.
4. Cravo da Índia.
5. Folha de louro.
6. Um punhado de açúcar.

Juntar todos esses ingredientes na brasa viva. Abrir todas as janelas e portas. Defuma-se o local de dentro para fora.

Recita-se:

Eu defumo minha casa em nome de Deus e do Divino Espírito Santo. Que todo o mal saia desta porta para fora... Que este mal vá para as profundezas do mar... Eu defumo minha casa para toda sorte e prosperidade entrar. Em nome de Deus e do Divino Espírito Santo, que a paz e o amor permaneçam nesta casa.

Finaliza com um Pai-Nosso e uma Ave-Maria.

Oração para causas impossíveis

Antes de iniciar a oração, separar um galho de arruda ou de alecrim e um copo com água. De forma simbólica, conforme a oração é recitada, molhar os galhos na água e bater levemente com esses galhos no ar para retirar os males da pessoa.

Reza-se:

Santo Antônio pequenino que em mil lugares está;

Santo Antônio pequenino que em mil lugares é chamado;

Santo Antônio pequenino que em mil lugares estás presente;

Acalmai e amansai meus inimigos visíveis e invisíveis;

Se meus inimigos tiverem pés, que não me alcancem;

Mãos, que não me agarrem;

Olhos, que não me vejam;

E assim que se vejam acorrentados e amarrados até que tudo se passe... hoje... amanhã... e sempre.

Que meus inimigos fiquem paralisados e imóveis como pedra embaixo dos meus pés.

Faça-se... cumpra-se... Amém, amém, amém.

Eu conjuro pelo Deus Pai, Deus Filho, Deus Espírito Santo, Deus Onipotente, que meu corpo seja fechado para todas as armas cortantes e de fogo.

Pelo poder do Absoluto, pelo poder dos Setenta e Dois Nomes Divinos... Que meu corpo seja protegido.

Conjuro pela lança de Nosso Senhor Jesus Cristo.

Conjuro para que meu corpo não seja ferido, nem ossos quebrados, nem meu sangue derramado...

O Senhor me castigou...

Mas me livrou da morte...

Me preserve de todos os ataques maléficos por parte dos demônios e inimigos vivos e mortos.

Eu conjuro e ordeno que quaisquer espíritos chamados por qualquer pretexto dos homens retornem ao lugar de onde foram chamados. Proteja meu corpo mesmo quando minha alma estiver dormindo, trabalhando materialmente ou espiritualmente.

Pelos poderes de São Miguel Arcanjo com sua Espada Flaminja, afaste-se de mim toda espécie de maldição.

Todo aquele que comigo for rebelde será castigado e levado ao jogo imperecível e entregue ao guerreiro e vencedor Miguel.

Eu conjuro e ordeno que não tenha poderes ou forças sobre mim, que assim seja, que assim se faça, que assim se cumpra. Amém, amém e amém...

Novenas

Fazer durante nove luas cheias.

Sorte em jogos.

Senhor, que habitas o lugar mais alto e elevado de todos os tempos. Senhor, pela sua misericórdia, que recaia a chuva sobre a terra, que se multipliquem todos os peixes dos mares, desatem todas as feitiçarias do homem da terra.

As mulheres possam ter seus filhos perfeitos.

Assim como a pedra deu fogo e da água saiu a faísca ardente da alquimia.

Que todo o poder deste elemento cósmico recaia sobre mim, lançando o mais rápido possível a faísca da sorte em meus caminhos.

Recita-se:

Que todo encantamento do Universo realize meus desejos do:

$$0 - 9 - 8 - 7 - 6 - 5 - 4 - 3 - 2 - 1$$

Repete-se por três vezes toda a oração.

Pelo poder de nossos Augustos mensageiros do Altíssimo.

Olhar para a Lua cheia invocando os elementais a seguir citados, durante todo o ciclo lunar de sete dias. Enquanto se fita a lua, recitar:

- *Santos.*
- *Arcanjos.*
- *Virtudes.*
- *Principados.*
- *Potências.*
- *Tronos.*
- *Querubins.*
- *Serafins.*

Elementos do mundo Angelical, intercedam por mim ao Divino Criador.

Cede a meus intermediários.

Pelo poder do Grande Arquiteto do Universo que mediu palmo a palmo usando a fórmula e composições numéricas do:

$$0-9-8-7-6-5-4-3-2-1$$

Que seja realizado meu pedido aqui e agora.

Invoco toda sorte de encantos e elementos Angelicais, me cubram de sorte, força e poderes.

Que assim seja, que assim se faça, que assim se cumpra. Amém, amém e amém...

Entre as mais variadas formas de receitas existentes, são essas apenas uma pequena premissa do grande legado deixado pelos nossos Pretos Velhos. Contudo, vale sempre lembrar que todas essas receitas se referem à medicina alternativa, devendo sempre ser associadas a um tratamento com um especialista. Como já dissemos, a medicina e o espiritismo caminham juntos.

Os Pretos Velhos pertencem à Linha de Yorimá, sendo este um Orixá sagrado, dono do poder e da lei. É um ancestral, sendo às vezes confundido com Osalufan. Esse é um dos motivos por que os Pretos Velhos vestem somente roupas brancas e trabalham somente com velas brancas. Yorimá foi esquecido por muitos, mas hoje, graças ao movimento umbandista e à insistência dos Pretos Velhos, foi reavivado. A festa dos Pretos Velhos é realizada no dia 13 de maio (comemoração da Abolição da Escravatura). Os pratos favoritos dos Pretos Velhos são a feijoada, o tutu de feijão e a farofa de couve.

Sua bebida é a cerveja preta. A saudação aos pretos velhos é: "Angorõ Sinhô; Adorei as Almas; Viva as Almas".

Salve todos os Pretos Velhos, que Deus os ilumine e os abençoe, com muito amor. Viva as almas.

Ògún: Encantados de Umbanda

Ogum é bastante cultuado na Umbanda. Representa um símbolo que pode ser considerado um dos mais importantes na vida humana: o ferro. Na crença umbandista é reconhecido por São Jorge Guerreiro, forte e audaz Cavaleiro.

Senhor das guerras, dono das ferramentas de um modo geral. É a ele que se recorre para vencer demandas grandes na terra. É o protetor dos soldados, policiais e forças ligadas a esse Guerreiro. É o Senhor dos caminhos, auxilia os homens nas mais variadas atividades humanas. Portanto, é a força que se faz presente nas guerras, batalhas e momentos difíceis.

Representa proteção, cortando as más influências com sua lança e abrindo o caminho para o bem. Regente dos caminhos, no sentido também de trabalho, oportunidades profissionais e ao mesmo tempo guardião da casa. Sua festa é realizada no dia de São Jorge, isto é, 23 de abril. Vale salientar ainda que, na Bahia, esse busto representa Oxóssi, no Rio de Janeiro e sul do país, Ogum.

Caboclos de Oxóssi: Encantados de Umbanda

Os caboclos são espíritos indígenas ligados à Natureza (pedras rochosas, matas em geral, águas dos rios, das cachoeiras, montanhas, aves, animais terrestres, cobras). O **Lobo-Guará** é o animal sagrado para o caboclo.

Xamanistas por natureza, os Caboclos de Umbanda estão ligados a todos os espíritos encantados da natureza. O termo xamanismo representa práticas magistas, religiosas e filosóficas, envolvendo cura, transe e incorporação de espíritos místicos dos mortos.

Assim, cada encantado, exceto Iemanjá, tem 7 caciques, seguidos por 77 caboclos pajés, 777 caboclos guias chefes, 7.777 caboclos guias batizados, 77.777 caboclos batizados e 777.777 caboclos flecheiros. Estão intimamente ligados às águas doces, às selvas, ao Sol, Lua e Estrelas, enfim à natureza pura. São eles os caboclos de Ogum, Oxum, Oyá e demais linhas, salvo Iemanjá, como já foi dito.

Os Caboclos trabalham para a cura e equilíbrio espiritual e material das pessoas, harmoni-

zando matéria com espírito. Trazem das matas a ciência homeopática dos remédios que curam diversas doenças e previnem outras tantas. Através de passes magnéticos os caboclos transmitem fluidos espirituais para a aura e espírito humano. Gostam de usar charutos, que lhes permitem defumar o ar, assim como as pessoas que vão receber o passe. Alguns falam a língua portuguesa, outros falam somente o guarani ou tupi. Com ervas sagradas, fazem o Amaci (banho lustral na cabeça dos filhos de fé), que ajuda muito no equilíbrio entre o Mundo Interno e Mundo Externo, ou seja, a estabilidade e a harmonia entre a mente e o espírito.

A festa dos caboclos é realizada, normalmente, no dia 20 de janeiro. A comida preferida dos caboclos é o peixe, o milho e frutas diversas. Sua bebida é o Aruá (gengibre com rapadura e água). A saudação é "Oke Caboclo", "Xetô Marumbá Xetô-Xetruá".

Omolu: Encantados de Umbanda

Tanto na Umbanda como no Candomblé, Omolu é muito cultuado. Na Umbanda, como Encantado, Omolu representa a força da cura de todas as doenças, tanto do espírito como da matéria. Sua vibração está associada à figura do Anjo da Morte, por isso muitos o temem e não o aceitam. Entretanto, é senhor de todos os seres. Sua força está relacionada ao bom funcionamento dos órgãos internos de todos os organismos humanos, é ele quem concede a boa saúde. É representado por São Lázaro.

Sua presença dentro do culto é muito importante, é ele que se invoca para buscar o espírito desencarnado, e nesse caso encaminhá-lo da melhor forma possível. É o emissário de Deus, é ele quem mostra o caminho e serve de guia para as almas. Essa ligação com as almas ocorre na mais perfeita vontade divina. Todo bom religioso sabe que a morte é a única certeza que todos podemos ter. Se esta será boa ou ruim, só cabe a cada ser humano avaliar e melhorar suas atitudes enquanto houver tempo. Não sintam medo desse espírito, somente o respeitem, utilizem-se da sua força do renascimento. Busquem conhecer seus mistérios, tanto do renascimento da vida como da morte do corpo físico. Extrai sua energia do Sol e é muito cultuado pelos Pretos Velhos.

Òsúmáré: Encantados de Umbanda

    Oxum Maré é um encantado representado pelo arco-íris e também através das águas doces vindas do céu. É essa força cuja função principal é a de dirigir os movimentos de transformações.

    No mundo dos homens representa a dualidade, o dia e a noite, o macho e a fêmea, o doce e o amargo. É o servidor de Xangô, seu ofício consiste em recolher as águas da terra.

    O arco-íris, fenômeno físico, é o oposto da chuva que terminou, constituindo-se no reflexo que as partículas do Sol, agora brilhando no céu, provocam nos cristais líquidos em evaporação, produzindo, nesse sentido, as mais variadas cores apreciadas no céu, depois de uma típica tempestade de verão. É representado por São Bartolomeu.

Nànà: Encantados de Umbanda

Esse encantado representa a força da Terra, isto é, o planeta. A Terra corresponde à figura da grande Mãe, sendo a fonte da vida. Dela provêm os seres vivos e é para ela que estes retornam. É muito invocada em rituais de cura nos mais variados sentidos, desde uma simples moléstia a um ritual sério de pedido de misericórdia. Considerada uma das mais antigas entidades de ancestral do mundo. Quando é invocada, exige-se todo o respeito e a dedicação que ela merece. Está associada à fertilidade e é bastante temida e respeitada. É representada por Santa Ana.

Osún: Encantados de Umbanda

Oxum, na Umbanda, é considerada a Mãe por excelência, ligada à procriação.

Sua força é adquirida nos rios. Também é a divindade do ouro e dos metais amarelos. É maternal, carinhosa e muito apegada às crianças, também é amante da beleza e do adorno. É a ela que se dirigem as mulheres que procuram engravidar, sendo sua a responsabilidade de zelar pelas crianças que estão em gestação assim como pelas recém-nascidas, até que possam falar.

Está intimamente ligada à magia, pois é a mais relacionada com o amor. A água é a semente divina que entra no útero da terra, sem ela não haveria vida. É representada por Nossa Senhora da Conceição.

Yansan: Encantados de Umbanda

Iansã ou Oya, muito cultuada na Umbanda, representa a senhora dos ventos e a rainha das tempestades. É guerreira e poderosa. Mãe dos mortos, orienta as almas desencarnadas. Ao lado de Omolu, serve de guia aos espíritos que se desprenderam do corpo.

Representa o vento. É ele, o vento, o responsável pela renovação do ar, do movimento das nuvens e formação das tempestades. Os ventos sopram tudo o que há de ruim e impuro, é assim que Iansã sopra as almas perdidas encaminhando-as ao destino certo.

Através de seus ventos, pode-se demonstrar sua liberdade de espaço físico, isto é, entra em todos os cantos. Sua invocação serve justamente para limpar e retirar coisas ruins de todos os espaços.

Nas realizações de limpezas e sacudimentos, é ela que se invoca.

Seus ventos contribuem para tais realizações. É representada por Santa Bárbara.

Erês ou Igbejis: São Cosme e São Damião

São forças infantis que representam a sabedoria da cura.

Representam a certeza da continuidade, por isso os pais consideram seus filhos sua maior riqueza.

A palavra Ibejis quer dizer gêmeos, por conta disso são duplos. Representam os opostos que caminham juntos. Mostram que todas as coisas têm dois lados e que a justiça só pode ser feita se as duas metades forem pesadas e os dois lados ouvidos.

Representam o aflorar da criança que cada um guarda dentro de si. São considerados médicos das crianças e dos que necessitam de sua força. Regem a alegria, a inocência e a ingenuidade da criança.

Dentro do universo umbandista, encontramos na linha das crianças os trabalhos que transmitem a pureza, a descontração e os fluidos mágicos de curas. O objetivo é principalmente descarregar as energias negativas existentes ao redor dos médiuns e consulentes, além também de aliviar o terreiro de vibrações ruins. Trabalham com energias astral e espiritual.

A festa dos Erês ocorre no dia 27 de setembro, data festiva de São Cosme e São Damião, patronos e protetores dos médicos, farmacêuticos e das crianças. Na Umbanda costuma-se chamar os Erês de Cosmes ou Cosminhos, apelido carinhoso dado aos espíritos infantis. Nas festas, são normalmente servidos doces, bolos, refrigerantes. Também gostam de caruru (prato africano de quiabo com camarão). A saudação aos Eres é: "Eremi".

Todo homem, por mais idade que tenha, nunca deve deixar morrer a criança que existe dentro dele. A linha de Erê nos dá a certeza de que a pureza, a inocência e a alegria são fatores que muito contribuem no nosso dia a dia. A exemplo disso, poderíamos citar situações em que, na maioria das vezes, se deixássemos prevalecer o nosso lado criança, com certeza nos pouparíamos de muito incômodo. O que predomina é o machismo no caso de homens, e o capricho feminino no caso de mulheres.

A inocência é sempre esquecida. Ser inocente, no sentido mais amplo e delicado da palavra, sem malícia. Transpor o real, a fim de brincar com os problemas, rir deles, acreditando que o riso e a alegria farão com que ou desapareçam, ou se afastem. A criança não tem maldade e nem medo de nada, há somente a pureza.

Os antigos sacerdotes diziam que o homem que realmente é sábio traz consigo dentro do seu peito um Preto Velho representando a sabedoria, paciência, candura e humildade, um Caboclo, representando a bravura, coragem, lealdade e o espírito de luta. Por último um Cosme (Erê), no sentido de manter a pureza, inocência e alegria sempre vivas dentro do coração. Essas forças unidas fazem enxergar não somente aquilo que os olhos veem, mas muito além do que se possa imaginar.

Iyemonjá: Encantados de Umbanda

Iemanjá tem caboclo, quem a serve são as Sereias (ondinas), juntos trabalham para que haja o equilíbrio entre o Mundo Interno e o Mundo Externo.

Por ser a linha de Preto Velho, a responsável pela existência do culto à Umbanda, Iemanjá é sem dúvida o Orixá mais cultuado e respeitado dentro da crença. Conta a lenda dos Pretos Velhos que, muito embora o céu e a terra já estivessem prontos, as coisas se encontravam ainda em estado bruto de simplicidade. Na verdade Deus ainda não havia feito a divisão das águas do oceano. Para tanto, criou a figura e a força da Grande Mãe D'Água e nela depositou a função de rainha do mar.

Trabalhos de Iemanjá realizados na praia

Odoya, majestade dos mares, sereia consagrada e senhora dos oceanos, esses são os títulos indicados a essa deusa. É a força que tem papel muito importante na vida dos humanos, pois é a regente dos lares, a mãe que dá o sentido da família às pessoas que vivem debaixo do mesmo teto.

Geradora do sentimento materno, atua para que haja a união entre as raças. É a protetora da vida marítima, é ela quem controla as marés e a praia em ressaca. Propicia boa pesca nos mares provendo alimentos vindos do seu reinado. É a rainha das águas salgadas. A mãe de todas as mães, a mãe de todos os Orixás.

O cristal indica seu poder genitor e sua interioridade. Representa a procriação e a multiplicação. É a Deusa das pérolas raras e de todos os mistérios do oceano. Suas águas formam o elemento da purificação, é nelas que são deixadas as impurezas e transformadas em nova vida. Por conta disso é que pessoas ligadas à crença têm o hábito de realizar oferendas à Iemanjá, a fim de buscarem a renovação e transformação de suas vidas.

É a Grande Mãe que devido ao seu amor e compreensão não vê os defeitos de seus filhos. Seu reinado é talvez o mais profundo e misterioso. O mar tem segredos e grandes mistérios jamais revelados.

Para Grande Mãe

Salve nossa Grande Mãe

Fotos dos trabalhos de Iemanjá do Ylê Asé Odé Inle Ialorixá Izolina de Lima Gruber

Grande Mãe D'Água Rainha do mar

Nossa Senhora dos Navegantes: Iemanjá

Sàngo: Encantados de Umbanda

Muito cultuado na Umbanda e também no Candomblé. Na Umbanda, vem em forma de caboclo, trazendo consigo tudo o que está relacionado à coragem e à justiça. Xangô é sinônimo de força. Representa o raio e o trovão que se estendem no céu até os limites do espaço sagrado. Foi através dessa força que o homem criou inovações dos mais variados tipos. Sendo estes ligados ao fogo, à luz e à comunicação. É a força das rochas, cabendo a Xangô a responsabilidade das tábuas dos mandamentos divinos. Nelas estão a sabedoria e todas as regras para melhor seguir o sentido da vida.

É o representante da justiça, por isso sua força é invocada quando se busca por ajustamentos de contas. É representado por São Jerônimo ou São Pedro.

Osáàlá: Encantados de Umbanda

Oxalá representa o sopro, assim como os demais já citados, é também muito cultuado na Umbanda. É através dessa força que os seres humanos recebem a vida. Por isso, é tão respeitado e consagrado entre todas as nações. Seu tapete de pano branco traz a cura e dá fé aos doentes, retirando a ira, a revolta, trazendo a sombra da paz. Esse tapete é formado por um grande pano branco com asas de um branco muito mais profundo e mais brilhante. O ar que se respira está associado a ele. Traz em si o princípio simbólico de todas as coisas, sendo inabalável em sua autoridade. Além de dar a vida ao homem, também a ele pertence a determinação final.

No reino de Oxalá, só há a paz e o amor.

É representado por Nosso Senhor do Bom Fim.

Baianos

Outra falange espiritual da Umbanda é a chamada linha dos baianos, ligada a Oxalá, a quem chamam de Nosso Senhor do Bom Fim. Os espíritos que compõem essa linha são evoluídos, conhecedores dos rituais umbandistas e catimbozeiros. Contam esses espíritos que eles foram sacerdotes, cambonos, ou filhos de santo da Umbanda. São alegres e muito espertos, fazem a caridade, lutando incessantemente contra a ignorância e a maldade humana e também espirituais.

Fazem parte também da linha baiana os Marinheiros (ligados à força do mar, e a Iemanjá), e os Boiadeiros (ligados à força da terra, a Oxóssi). A linha baiana é cheia de mistérios, acredita-se que seus representantes são espíritos de pais de santo desencarnados, por esse motivo, eles têm a liberdade de participar de todo e qualquer ritual, seja ele da linha de caboclos ou da linha de Exu. Os baianos trabalham com coco, azeite de dendê e pratos da culinária baiana. Trazem muita alegria, sabedoria e esperança aos filhos de fé. Geralmente, seus nomes são adotados de regiões nordestinas.

Os Marinheiros, por sua vez, são espíritos ligados à navegação, à pesca e à união de forças marítimas. Protetores dos pescadores e navegadores em geral, trazem consigo a sabedoria das curas e a inteligência para o progresso financeiro, mostrando sempre que trabalho é meta principal a ser atingida pela humanidade.

Os Boiadeiros são espíritos ligados ao sertão, onde aprenderam e trazem lições de sobrevivência em épocas difíceis que o homem tem de passar. Associado ao Orixá **Oxóssi***, os Boiadeiros são os protetores das caças e caçadores. Normalmente são muito sérios, não gostam de brincar e nem de sorrir perante as pessoas, sempre mostram em seus semblantes o sofrimento que passaram na caatinga nordestina ou nos sertões por esse Brasil todo. Trabalham no astral lançando os espíritos malignos, arteiros ou zombeteiros e os entregando a Exu (policial do espaço), para serem evangelizados no momento certo.*

Linha do Oriente

O ritual de Umbanda é flexível, não existe um código rígido para a sua execução. Cada sacerdote ou sacerdotisa, em acordo com suas entidades, desenvolve o ritual de Umbanda dentro das leis cristãs, cujos pilares sustentam o edifício umbandista. As leis maiores são:

I. Amar a Deus sobre todas as coisas, e o próximo como a ti mesmo;

II. Fora da Caridade não há salvação;

III. O plantio é livre, mas a colheita é obrigatória;

IV. Não deixes que a mão esquerda saiba o que a direita fez;

V. A verdadeira caridade consiste em dar aquilo que gostaríamos de receber;

VI. A fé sem obras é morta;

VII. Orai e vigiai contra as ciladas dos inimigos.

Dessa forma, o sacerdote ou a sacerdotisa faz seu próprio ritual umbandista, tudo de acordo com suas entidades espirituais, sem deixar perder o bom senso e a lógica das coisas, ou seja, respeitando a filosofia e as leis que regem a Umbanda.

Esú de Umbanda

Quando Deus presenteou Davi com a estrela de seis pontas, nos agraciou com segredos até então não revelados. Esse é um dos maiores símbolos de conhecimento esotérico já estudado. É claro que para cada crença ela tem um significado específico. Dentro da Umbanda, ela demonstra que tudo o que está em cima é igual ao que está embaixo; e tudo o que está embaixo é igual ao que está em cima. Nesse sentido, podemos dizer que, depois da morte do corpo físico, o espírito tem a oportunidade de continuar sua missão através da incorporação espiritual. A vida não cessa depois da morte do corpo físico, existe apenas uma passagem de um lado para o outro, sendo que é através da figura de Exu que esse processo se desenvolve.

Portanto, Exu nada mais é do que espírito de morto, ou seja, Egun (alma desencarnada).

Para que se possa definir corretamente o significado do termo Exu de Umbanda, primeiramente iremos defini-lo como sendo uma palavra ou termo da língua portuguesa, derivada da língua africana (yoruba), na qual é escrita Esú, que tem como significado aquele que é esférico, o que gira aqui e acolá.

A diferença entre Exu de Umbanda e Esú de Candomblé está na condição espiritual em que cada um gira. O primeiro já passou pela Terra em vida corpórea e o segundo é energia de elementais da natureza. Existem funções semelhantes entre ambos, uma delas é o policiamento do espaço. Entretanto, neste capítulo vamos definir apenas o que é Exu de Umbanda.

 Exu não faz o mal. É crendice do povo e de muitos pais de santo despreparados acreditar que Exu é malvado, ou que tenha dupla personalidade. Exu tem sua personalidade voltada para a justiça, retidão e progresso dos homens e espíritos atrasados. Exu não é quiumba (espírito sem luz). Em alguns terreiros por vezes aparecem quiumbas ou eguns que tomam o nome de Exu para enganar o povo e pregar a maldade, o erro e a ignorância.

 Exu é inteligente e sem ele não seria possível realizar nenhum ritual em segurança. Assim como no Candomblé, Exu é o primeiro que recebe as oferendas. Isso porque, quando Exu disputou com Ogum o bastão da guerra, Ogum o derrotou, mas por ser Exu bravio, reto e justo, Olorum decidiu com a corte que Exu seria sempre chamado e louvado em primeiro lugar, homenageando assim o guerreiro fiel e bravio.

 Exu toma conta das porteiras, ruas, rios, lagos, matas, cachoeiras, mar, zelando pela sua integridade vibratória, levando aos Orixás os pedidos que são feitos pelos homens. Na Umbanda, Exu é cultuado para trazer a segurança no ritual, trabalha desmanchando magias feitas por espíritos quiumbas obsessores, atrasados em seu progresso de inteligência e discernimento entre certo e errado.

 Por tudo que Exu representa na Umbanda, é importante conhecer sua hierarquia. São três linhas diferentes a serem citadas. A primeira é denominada de Exu de Guia, considerado o mais alto grau de evolução espiritual dentro da linhagem de Exu. São espíritos que comandam e chefiam os Exus Batizados (segunda hierarquia). Coordenam todas as manifestações no tempo e fora dele, tanto nas linhas mágicas das encruzilhadas como em porteiras, estradas, cruzeiros, fogos, águas, ventos, montanhas, rochas e vendavais. Exu de Guia traz consigo a autoridade e a discricionariedade, para agir como melhor lhe aprouver, sempre no sentido de auxílio ao desempenho do progresso do ser humano e dos espíritos que lhe prestam ajuda nessa condição. É uma espécie de cavaleiro da luz, isto é, espírito extremamente desenvolvido.

Para ser Exu de Guia, o espírito certamente possui méritos. Tornou-se um Mestre, um Professor ou um Instrutor, não é comandado por outro Exu, isto é, possui liderança em seus atos, dentro de seus limites, é claro.

Diferente disso, o Exu Batizado (segunda ordem na hierarquia) é o espírito que é comandado, não tendo arbitragem para decidir o que fazer, necessita ainda de autorização do seu líder para qualquer missão que for fazer. Diz-se Exu Batizado o espírito que é recebido dentro da Confraria Religiosa de Umbanda pelos outros Exus de Guia que os fazem passar por provas espirituais, testando sua sabedoria, as virtudes e os defeitos. Quando aprovados, recebem o nome de batismo do seu Chefe de Guia, ou de acordo com o local em que trabalharão.

Já o Exu Pagão (terceira ordem na hierarquia) é o espírito que ainda não recebeu o batismo dentro da Confraria de Umbanda, seus defeitos são maiores do que suas virtudes. Em alguns casos são maldosos e vivem na escuridão da ignorância (trevas). Somente após evoluírem é que conseguirão se tornar Exu Batizado. A responsabilidade pela evolução do Exu Pagão é do Exu Batizado e dos médiuns de um modo geral, já a evolução do Exu de Guia é dele próprio.

Os espíritos que fazem ou aceitam fazer a maldade aos humanos não são necessariamente os Exus Pagãos, mas sim os malignos (quiumbas), espíritos que vivem em faixa vibratória inferior à dos Exus Pagãos. Através das doutrinas que nos cabem é que ele vai conquistando sua luz e sabedoria. A partir disso, recebe a denominação de batismo de acordo com a vibração que ele gira.

Contudo, todos têm como dever, independentemente do que foram ou são, a finalidade de vigiar o terreiro de Umbanda, a porteira e os caminhos. Recebem suas oferendas em sua casa, denominada de ganga.

É importante dizer que a denominação de Egum existe para todo e qualquer espírito desencarnado. Necessariamente um Exu não nasce pronto, na maioria dos casos passa pelo processo de evolução até atingir seu apogeu. Até mesmo Exu Tranca-Ruas, como quaisquer outros de renome e conceito, já tiveram seu momento de quiumba. Mas nada disso importa, o importante é que iniciaram sua missão espiritual como espíritos pagãos ou não, vindo hoje a se tratar de Exus de respeito e responsabilidade.

Através de doutrinas, palestras, estudos, conhecimento de magias, pontos riscados e cantados, simbologia, conhecimento de Deus e dos Orixás, é que cada qual vai formando seu pensamento, é o livre-arbítrio sempre presente em toda e qualquer confraria. Fazemos da crença algo bom ou ruim, só depende de nós.

Portanto, há que se deixar claro que: "cada cabeça é sua sentença", "planta-se o bem/colhe-se o bem, planta-se o mal/colhe-se o mal". Isso porque, na verdade, somos nós seres humanos que pedimos e desejamos o mal, espírito algum prejudica alguém se não lhe pedem.

Às vezes o médium pode receber uma influência espiritual de Exu e na sua incorporação ainda consciente usar da energia para fazer charlatanismo. O que ocorre é que, quando nos dizem que temos uma grande missão espiritual a ser cumprida, normalmente nos questionamos sobre o que seria realmente essa missão. Seria pelo simples fato de darmos nossos corpos para a realização de incorporações? Se assim o fosse, dentro da Umbanda só haveria médiuns de incorporação, contudo, isso não é verdade. Justamente porque essa não é a única finalidade. A verdadeira missão do médium nada mais é do que auxiliar Deus no encaminhamento das almas perdidas, tanto as encarnadas como as desencarnadas. O médium tem o dever de doutrinar os espíritos de um modo geral, mostrando o caminho da luz. Além disso, conhecer a sua mediunidade.

Ainda sobre o significado de quem é Exu, podemos dizer que ser emblemático faz parte do seu caráter. Por isso o médium pode começar sua senda incorporando um Exu de Guia, enquanto outro médium tem de começar a incorporar um Exu Pagão. Sendo que outros podem começar a incorporar um Exu Batizado. Cada caso é um caso, cada médium é um médium, cada Exu é um Exu.

Assim, é sempre bom lembrar que o Poder Mediúnico não é eterno e não nos pertence. Se quiserdes perder o poder do dia para a noite, basta seguir o orgulho, a vaidade, a ganância, a cobiça e a inveja, com certeza tudo irá aos ares.

Ter medo ou inveja de existir outro médium que nos seja superior em progresso, que tenha em sua missão espíritos superiores ao que recebemos em nosso aparelho, não deve fazer parte dos medos da vida do missionário, que por certo deve saber que sempre existirá alguém que saiba mais, que tenha missão maior e que acima de tudo: só se é um bom médium no momento em que se descobre que o verdadeiro mestre é um eterno aprendiz. Não somos donos da verdade, entretanto acreditamos que devemos nos policiar nas incorporações, estando com o corpo limpo, preparado com banhos de ervas. Além disso, fazer meditações e relaxamentos do corpo antes das incorporações. Relaxar é desligar-se, é esquecer todos os problemas materiais, concentrando-se somente no espírito que será chamado para que o transe possa dominá-lo.

Na Umbanda os Exus utilizam-se de símbolos fictícios, como velas, ponteiras, pontos riscados e cantados. Por falta de conhecimento, pessoas leigas, ao verem Exu usando um tridente ou riscar um ponto em forma de tridente, imediatamente e erroneamente, o comparam com o diabo. O tridente simboliza a arma de pesca de Exu; pescador das almas perdidas e demandas dos seres humanos. Além disso, o tridente representa as decisões nas guerras e nada tem a ver com o símbolo do mal.

Umbanda é magia, Umbanda é fascínio, Umbanda é o homem junto ao espírito, o espírito junto à Lei, a Lei junto ao seu criador, o Nosso Criador junto a nós...

O caminho das almas é misterioso, é necessário percorrer muitos espaços antes de tentar a suprema corte da vida eterna. É indispensável viver o nosso drama ao longo do processo de aperfeiçoamento espiritual. Seria extremamente infantil que a crença do simples baixar do plano resolvesse questões do infinito.

Os Exus têm o poder, quando doutrinados e preparados, de tirar muitos problemas da humanidade, tais como a miséria, atribulação e tudo o que está sujo no planeta, essa é sua função. Como já dissemos, Exu é um espírito desencarnado, na sua linhagem espiritual tem grandes conhecimentos e inteligência. É justiceiro, traz a cura pelas ervas, a palavra de um juiz e a sabedoria para resolver as causas impossíveis.

Embora os espíritos não apareçam nas doutrinas escritas por Kardec como masculinos ou femininos, eles conservam no âmago das células magmáticas sensibilidades, gostos, regionalidades e inteligências de vidas anteriores que viveram aqui na terra, portanto seu gênero.

A Umbanda conserva junto à linha de Exu o espírito feminino, que chamamos dentro da confraria de Pombagira, a mulher habilidosa, que trata do lado sentimental do ser humano. Como Exu, a Pombagira tem também seu reinado na mesma hierarquia, sempre com objetivo primeiro de orientar as pessoas nos seus negócios, alertando das emboscadas e abrindo caminhos.

O espírito de Exu é o fluido mais rápido para incorporar, pois está mais próximo do homem. Muitas vezes, não se sabe o grau de conhecimento que Exu trouxe à Terra. Ele necessita da ajuda do médium para sua evolução espiritual, salvo os Exus de Guia.

Com relação à preferência pela cor preta nas vestimentas, é no sentido de captar energias, tendo em vista que a cor branca repele. Por ser Exu um receptador de energias, é a cor preta que lhe cabe. Além disso, por ser representante do fogo, utiliza-se da bebida alcoólica como forma simbólica de sua energia defensora a efeitos malignos, "jamaaaais" para se embebedar como infelizmente muitos fazem.

O álcool na verdade traduz uma condição alucinógena e é através desse efeito que se conduz os espíritos obsessores à obediência. Além, é claro, dos fatores já abordados nos capítulos anteriores no que diz respeito à utilização do álcool.

Quando são utilizados ponteiros (punhais), para firmar seus pontos simbólicos e mágicos, Exu segura os espíritos errantes para não atrapalharem seus trabalhos. O punhal é também o símbolo da ligação entre a terra e o espaço.

Vale salientar ainda que se deve usar mais as velas brancas nos trabalhos espirituais, pois estas substituem quaisquer cores.

Conhecendo um pouco mais Exu, deve-se saber que ele é malicioso, porém não é vingativo, mas sim justiceiro. Dentro dos trabalhos de Umbanda o médium deve ter muitos conhecimentos para assumir as causas e problemas dos consulentes. Pois, se o médium não tiver certa preparação, o feitiço vira contra o feiticeiro. No que chamamos de efeito contrário, ou choque de retorno.

Os tridentes, por exemplo, não podem ser utilizados sem conhecimento de causa, há que se saber que, para cada linha de Exu, existe um determinado tipo ou modelo específico de tridente. As associações existem de acordo com o ponto energético em que cada espírito se encontra. Nesse ponto encontra-se a força e a origem de Exu. Normalmente os Exus ligados aos pontos energéticos de estradas utilizam-se de tridentes com formatos quadrados. Já os de cemitérios trabalham com os tridentes arredondados.

E, assim sendo, os Exus, por serem espíritos desencarnados filhos de Deus (almas de nossos ancestrais), discriminados pelas religiões cristãs, qual vínculo terão com o demônio? Quantos corpos ou vidas corpóreas já tiveram? Quantos séculos em busca da perfeição?

Quantas vezes terão que reencarnar, no sentido de alcançar a perfeição divina? Por que Deus teria deixado a mediunidade aos seres humanos se fosse algo maléfico, capaz de nos prejudicar?

A resposta é simples e única: é uma questão de dom e de missão. Ser médium não é algo que depende do nosso querer, mas sim do querer divino, é Ele quem decidirá nossa missão espiritual. A mediunidade é bíblica, os nove dons divinos e outros tantos mistérios que estão entre o céu e a terra. Portanto, diante de tudo que buscamos, concluímos que não restariam dúvidas com relação à origem de Exu associado à mediunidade de incorporação e ao papel do verdadeiro médium.

Lembre-se: "você faz da sua religião um deus ou um demônio".

Siga os conhecimentos de Jesus Cristo, que deixou somente uma religião, a do AMOR. A doutrina espírita é a religião do esclarecimento livre, da solidariedade, da assistência e da caridade. Resta apenas reconhecer por nós mesmos a necessidade do que seja essencial fazer pelo rendimento digno da atividade geral da crença. E assim, os espíritos poderão evoluir e conhecer os caminhos da luz e do bem, trazendo seus conhecimentos de vidas anteriores ao homem da terra.

Fica clara, portanto, a importância da sabedoria espírita, ao nos deixar esse grande legado de forças espirituais, cada qual com seu sentido, função e valor, ocupando seu devido espaço na esfera terrestre de acordo com sua evolução espiritual. Aos nossos guias, chefes e mentores espirituais, a quem agradecemos pela dedicação, força e aprendizado. Por tudo isso e muito mais, somos eternamente gratos a todas as linhas espirituais, de Exu a Oxalá.

La barca de Caronte: Lucca Giordano

Capítulo V

Esú de Candomblé
Qualidades de Exu
Orixás de Candomblé

Esú de Candomblé

Apesar desta obra não estar relacionada diretamente ao Candomblé, faremos uma breve exposição do tema, no sentido de demonstrar que a Umbanda e o Candomblé são dois extremos totalmente diferentes, o primeiro refere-se a espíritos desencarnados (eguns) e o segundo somente às forças da natureza.

Para dar início ao assunto vamos falar do primeiro Orixá, Exu. É ele uma entidade simbólica, não é um Orixá propriamente dito, porém é cultuado como tal. Não é um elemento que se traduza, mas sim que se interpreta. É a divindade da fertilidade, que corresponde ao elemento fogo, sua essência é o movimento. É ele o intermediário entre os homens e os Orixás.

"E Deus formou o homem do pó da terra" (Gênesis); e Deus fez brotar da terra a árvore da sabedoria, ciência do bem e do mal. No mito dos elementos cósmicos, água e terra, Exu é o primeiro nascido da criação. Povoando o infinito e como tal é transferido à terra dando origem a todos os seres existentes.

Exu se identifica com todos os seres da existência. Olodumarê criou Exu como mediador entre os homens e os Orixás. Toda pessoa tem seu Exu, todo Orixá tem seu Exu, constituindo uma unidade. Exu representa a criança, o jovem, o adulto e o ancião. Por isso, é o alvorecer da criança, o espírito guerreiro de um jovem e a sabedoria de um ancião. É o presente, o passado e o futuro, é o primeiro ser cósmico nascido do universo. Ele ocupa um lugar à parte no panteão dos Orixás; dentro do Candomblé são raros seus filhos.

Exu nasceu em Ifé, se tornando mais tarde o primeiro Alaketu que reinou em tempos bem remotos na história dos Orixás. Exu é o portador que estabelece a comunicação entre o mundo espiritual e o mundo material. Além de portador, é o mensageiro que leva as orações dos homens. Através dos búzios, transmite a palavra do Orixá e a vontade de Deus. Pode circular o universo em diferentes esferas, pois possui a propriedade da ubiquidade e pode até mesmo viajar pelo mundo dos mortos.

É ele o dono do ogó (instrumento que lhe permite atrair objetos à distância). Exu é a continuidade da vida, é a evolução dos antepassados, e é cultuado nos terreiros nos cultos a eguns.

Exu deu a Ifá o poder da adivinhação, graças a esse poder os deuses não passam mais "fome". Exu é o benfeitor entre o orum (céu) e o aiye (terra), garantindo assim, por meio das oferendas, a restituição das energias e o equilíbrio da vida do ser humano.

O termo Exu significa esfera, aquilo que é infinito, que não tem começo nem fim, servindo de intermediário entre os Orixás e os homens. Representa a força da criação e o princípio de tudo. Está presente em tudo e nada se realiza sem sua presença, é a abertura dos caminhos e a saída de todos os problemas. É sempre a primeira divindade candomblecista a ser invocada, sem ele as coisas não caminham. Está em todos os lugares ao mesmo tempo, por isso representa a força esférica, ou seja, está sempre girando. É o deus da energia. Ele é assentado e recebe pedidos através das oferendas, dos ebós, das trocas de energia, sendo muitas vezes dadas oferendas em troca do mal do nosso corpo ou do nosso espírito.

Seu símbolo é o tridente, com três ferros voltados para cima, representando os três caminhos do homem. Além disso é o mais humano dos Orixás, de fácil relacionamento. Sua função é de manter contato entre o homem e o Orixá, faz com que se supere o real e se atinja o mágico. Não é dele a responsabilidade de decidir o que é certo ou errado, apenas realiza a tarefa para a qual foi invocado. Tem uma personalidade atrevida, agressiva e temperamental, é considerado o guardião da porta da rua e das encruzilhadas, sendo que só através dele é possível invocar outros Orixás. É também de Exu a responsabilidade de limpar os caminhos do lixo astral.

Possui algumas características mutáveis, ou seja, ora age de uma forma, ora de outra. Adora ser agradado e receber presentes.

Para se ter uma noção do seu comportamento, relembremos um de seus Orikis (versos): "Exu matou um pássaro ontem, com uma pedra que jogou hoje!".

E assim os sacerdotes através dos búzios têm o poder de revelar o destino dos homens e dessa forma aplacar a cólera dos deuses, por meio de obrigações, oferendas, sacrifícios aos ancestrais. Exu é o Orixá mais humano criado por Olodumarê e nesse sentido lhe são apregoados aspectos maldosos, entretanto isso deve ser completamente afastado, uma vez que o bem e o mal são características humanas, e não de forças da natureza; na verdade suas semelhanças estão relacionadas à vaidade. Se a natureza às vezes se revolta, através de desastres naturais, a responsabilidade é do próprio homem que não faz bom uso dela. O equilíbrio natural da terra depende de nós.

Exu não faz mal, é crendice do povo dizer que é malvado, que tem dupla personalidade, seu caráter é voltado à justiça, retidão, verdade e progresso dos homens atrasados. Ele representa o crescimento e o desenvolvimento do ser humano, são numerosas suas qualidades.

Exu, palavra de origem yoruba, pode ser traduzida como esfera, ou seja, aquilo que é esférico e que gira no universo. Elemento mágico universal. Desempenha grande papel nos rituais. Exu adquire diferentes designações de acordo com a função que cada um exerce no astral. Essas denominações estão associadas com as qualidades e títulos dados a cada Exu.

É importante dizer que existem diferentes grupos ou qualidades de Exu, todavia demonstraremos apenas alguns na intenção de evidenciar as diversas faces de Exu.

Qualidades de Esú

- Esú Yangi: foi o primeiro criado por Olorum no universo, cortado em pedaços pela espada de seu pai, multiplicando e povoando o espaço. Esse Exu representa o princípio da realização. É também chamado de Ilegbara. Considerado o mais velho Exu por ser a primeira forma a surgir no mundo através da mistura da água mais terra, segundo os mitos de Yorubá. Senhor do poder dinâmico da multiplicação dos seres e companheiro do Orixá Ogum.

Eis a seguir um de seus orikis (versos):

"SANSO OBÉ ODARA KO LORI EJO"; "a faca é afiada. Odara não tem cabeça para carregar fardos de inveja".

- Agbo: é aquele que mostra a sua ancianidade, portanto também é considerado um Exu velho, dono do poder dinâmico, é o mesmo que Bara Yang. No seu assento repousa uma cabaça de pescoço longo, representação fálica do poder da multiplicação.

- Esú Ygelu: é o Exu que usa azul-arroxeado, associado ao wágio, dele é o caracol.

- Lalu: é o Exu dos caminhos de Oxalá, entretanto pode acompanhar outros Orisás... Veste-se de branco.

- Esú Olobé: é o senhor da faca, junto a Ògun é o responsável pelas oferendas e sacrifícios. Olobé é aquele que separa as frações de substâncias para formar seres diferenciados. Esú Olobé vincula o asé, transformando a dor do sacrifício em vida para o Igba ori (assentamento), catalisador das energias cósmicas. Simbolicamente, o ogã, ao molhar a faca no chão antes dos cortes, louva Exu Olobé pedindo licença para alimentar a terra. E, ao levantar a faca e apresentá-la aos quatro cantos do mundo, pede que esse Exu esteja presente nas obrigações do princípio ao fim. Exu Olobé é o que divide os minérios das jazidas e de todo metal que é forjado no fogo, sendo o ardor da chama o comando de Esú Olobé, Esú Yna e Ògún-Mege.

- Esú Enúgbanijo: é aquele que fala e traz a resposta com excelência à boca coletiva. Visualiza as intercomunicações entre o ayê (terra) e o orum (céu). Encaminha as mensagens de pedidos entre os homens, Orixás e os ancestrais, possibilitando assim o conhecimento de tudo que é visualizado. Adquiriu o dom da oratória e o concedeu aos homens. Domina todos os dialetos e as mais diversas formas de comunicação.

- *Esú Ona*: é o senhor dos caminhos e das encruzilhadas. Rege todas as direções do espaço, levando as mensagens do ayê (terra) ao orum (céu). O senso de direção representado por esse Exu está no fator de organização que são os pontos cardeais. Olorum dota o homem com o livre-arbítrio, para que ele possa escrever a sua história. Isso é realizado nos atos cotidianos, um exemplo são as decisões que preponderarão nessas ocasiões, sendo nesses períodos que se pode invocar a Esú Ona para melhor conduzir o homem ao caminho certo no momento exato.

- *Esú Odara*: também invocado no padê, sendo ele a providência, a comida e a bebida. Exu que proporciona bem-estar. Traz felicidade e prosperidade ao asé.

- *Esú Elegbo*: Exu entidade símbolo, não é um elemento que se traduza, mas sim um elemento que se interpreta. Esú Elegbo é o único Exu que tem o poder de transportar as coisas negativas em forma de ebós, assim, através das oferendas, transforma e resolve os problemas materiais e espirituais, colocando em harmonia e equilíbrio os dois planos de existência entre todos os componentes do sistema.

- *Exu Yna*: é associado ao fogo; usa vermelho. É o Exu invocado no início do padê. Esse Exu representa a força do asé, é representado pelo Egã (pena do Ìkóodíde).

O candomblé é repleto de significados e apresenta vários elementos representativos, no reino animal, vegetal e mineral, quer sejam da terra, água, ar ou florestas.

O nosso planeta é por excelência condutor do sangue vermelho e do sangue preto. A água e o ar pertencem ao sangue branco.

O sangue vermelho corresponde ao animal e ao menstrual. No reino animal, ele é representado pelos glóbulos vermelhos, pelo coração e pelo fogo. No reino mineral, é o cobre. E, por fim, no reino vegetal, alguns vegetais como o epô (azeite de dendê), o mel, o pólen das flores, entre outros.

Já o sangue branco proveniente do reino mineral é representado pelos sais, giz, prata, chumbo etc. No reino animal é o Ibi (caracol), o plasma, secreção, saliva e o hálito. No vegetal, o fumo, seiva, álcool e bebidas brancas extraídas das palmeiras.

O que provém do reino vegetal, no que diz respeito ao sangue preto, é o carvão. No animal são as cinzas e, no mineral, o pó de ferro.

O mundo é composto de energias atômicas inteligentes, diversas e infinitas. Portanto, ao retirarmos uma pedra da natureza ou uma folha de uma árvore, não devemos esquecer que ela pertence a alguém. Por acreditarmos nisso é que cultuamos essas forças da natureza. A natureza nada mais é do que filha de Deus, e é por ela que zelamos, dela cuidamos e nos beneficiamos.

É nesse sentido que nos rituais de ebós invocamos Exu, na expectativa dele carregar para longe o negativo espiritual, "vomitando" tudo aquilo que foi tirado, devolvendo à natureza e assim cumprindo o que lhe foi solicitado.

Não existe aquilo que podemos definir nem como correto nem como torto, há somente a lei na qual podemos discernir pelo certo ou errado. A única coisa real que se sabe é que há diferenças de vibrações. Nos rituais de Candomblé são utilizados elementos das mais variadas formas e espécies. A utilização do preto e do branco, por exemplo, representaria o primeiro como maléfico e o segundo como benéfico?

Na verdade, para nós, o elemento preto simboliza a terra, a energia que brota das entranhas do planeta. Nós sabemos que o negro ou o escuro representam a ausência da luz, é somente através da falta total da luz que conhecemos a beleza do brilho. Aqui se explica a necessidade da existência das trevas, no sentido de se reconhecer a luz, sem isso nada seria possível, pois a luz seria sombra.

O branco e o preto podem ser definidos como dois caminhos que andam juntos, um necessita do outro para se conhecer. Para que haja o equilíbrio, deve haver a dualidade, o claro para o escuro, o preto para o branco, o amor para o ódio, o bem para o mal. Fica claro, nesse sentido, a questão que afirma a importante ligação entre Exu e Orixá. Como sabemos cada Orixá tem seu Exu. São dois princípios que podem ser definidos em dois polos, sendo um da expansão e outro da gravidade. Como se fossem duas forças a se completarem e assim atingirem o real. Um sem o outro nada representaria.

Todos os elementos simbólicos utilizados em cerimônias de Candomblé, tanto em rituais de Exu como de qualquer outro Orixá, podem ser considerados como mágicos, pois são associados a diferentes rituais de prosperidade aos seres humanos (ebós, oferendas etc.). Não esquecendo jamais dos reinos animal, vegetal e mineral já citados, que juntos e associados são como fontes renovadoras de energias.

Enfim, resta-nos apenas dizer que Exu contém uma energia de muita importância dentro do Candomblé. É ele o guardião do Agibo Ode, principal Ojubó (assento coletivo da casa de Candomblé).

Sem ele nada se faz.

Orisás de Candomblé

Ogum

Ogum é o Orixá da civilização. Senhor da tecnologia.
Considerado o lado masculino da Terra.

Ogum é o deus da abertura de caminhos do homem, ele remove os obstáculos, desbrava qualquer batalha e é vencedor de demandas.

Civiliza o mundo preparando a terra para o plantio das sementes, gerando o alimento necessário para todos os seres vivos da natureza. Seu metal é o ferro, sua cor é o azul-escuro. Seu símbolo é a bigorna, a faca e todos os instrumentos de ferro. Sua comida predileta é o inhame e a feijoada. Seus domínios são as guerras e o progresso daqueles que buscam por ele. Geralmente os filhos de Ogum não são ambiciosos, todavia adoram estar no poder, nesse sentido se dão muito bem em cargos de chefia.

Oxóssi

Oxóssi, deus da caça, caçador de elefantes. Vive nas matas e florestas onde moram os espíritos relacionados com a árvore dos antepassados.

. Vivendo na floresta, Oxóssi conhece a natureza das plantas. Está sempre com seu irmão Ogum, juntos dominam os perigos da mata. Oxóssi utiliza-se das ferramentas de Ogum, sem as quais não poderia realizar suas tarefas de caça.

Usa um chicote de rabo de touro (Irukere) que tem o poder de dominar os espíritos das florestas, está sempre voltado ao que ficou para trás, os espíritos dos mortos.

Oxóssi relaciona-se com os animais, seu grito de guerra imita a perfeição de um caçador valente e ágil. No Brasil comemora-se seu dia na data de Corpus Christi. Sua cor é o azul-turquesa e suas comidas são o asosó (milho cozido com coco) e o feijão fradinho torrado. Seu símbolo é o ofá (arco e flecha), seus domínios são a agricultura, caça, alimentação e fartura. Por conta disso, a ele devemos a fartura e prosperidade de nossas mesas.

A ele também é conferido o título de Rei de Ketu. Geralmente os filhos de Oxóssi têm uma aparência tranquila, podendo mantê-la mesmo estando com problemas sérios.

Normalmente ouvem conselhos com atenção, todavia o que prevalece é sempre sua opinião.

Òsanyìn

Senhor da vegetação, está ligado à terra. Seu império são as plantas, está relacionado com a cabaça que representa o Cosmos. Nessa cabaça guarda as folhas de seu grande poder. Está intimamente ligado ao pássaro, símbolo das feiticeiras. Orixá dos cientistas, dos maiores médicos e cirurgiões.

Carrega várias cabacinhas na cintura, onde guarda seus remédios. Tem folhas para todos os problemas, para conservar a juventude, sorte em dinheiro e jogos, resolver negócios e para todos os males em específico. Seu símbolo é a haste ladeada por sete lanças e com um pássaro no topo. Suas cores são o verde e o branco, seu domínio é sem dúvidas a medicina e a liturgia através das folhas. Òsonyìn possui o conhecimento e segredo de todas as folhas, por conta disso desempenha papel fundamental no Candomblé, não existe feitura de santo sem folha, portanto não nasce yaô sem Òsanyin, visto que sem sua presença não podem acontecer rituais.

Os filhos desse Orixá normalmente são pessoas equilibradas, possuindo grande capacidade de percepção de tudo. Porém, trata-se de pessoas muito discretas e reservadas. Perfeccionistas por excelência, são exigentes e caprichosas.

Obaluaê

Vodum Jejemaiy, conhecido por Sapata, filho de Nànà Buruku. Senhor das doenças e da morte. Esse Orixá é ambivalente, ou seja, tanto pode curar as doenças como pode provocá-las.

Deus da medicina, curandeiro e servidor dos necessitados e desprovidos da boa sorte.

Os desígnios de Omolu nos fazem pensar em nossos erros e falhas e no livre--arbítrio, sendo que na maioria das vezes somos responsáveis pelos nossos erros.

Omolu representa o Sol, é perigoso fitá-lo. É saudado pela expressão "ATOTO". Silêncio. Suas cores são o preto, o branco e o vermelho, sua comida é a pipoca (deburu). Seu símbolo é o Xaxará.

Seus elementos são a terra e o fogo existentes no interior deste planeta. Seu domínio é a cura das doenças. É um Orixá cercado de mistérios. Obaluaiê significa Rei dono da terra e Omolu, Filho do Rei, trata-se de duas qualidades do mesmo Orixá. O Azê que cobre seu rosto está relacionado aos mistérios da vida e da morte.

Os filhos desse Orixá são pessoas extremamente teimosas, procurando sempre o caminho mais difícil. Na maioria das vezes são rabugentas e cheias de manias, contudo possuem uma das mais nobres qualidades, são amigos de verdade.

Osumarê

- Representa a essência do movimento.

Osumarê é a grande DAN, cobra entrelaçada que morde a própria cauda como símbolo da continuidade do ciclo vital.

Leva as águas da terra para proporcionar a chuva no planeta e auxiliar os Orixás na comunicação do mundo sobrenatural com a terra. O Arco-Íris pelo qual é representado permite apreciar a beleza, o colorido e a imponência desse Orixá. Além disso, proporciona ao homem a fertilização da vida que nos alimenta. Seus metais são o ouro e a prata mesclados, suas cores são todas do arco-íris. Seu símbolo é o Ebiri, espécie de vassoura feita com nervuras das folhas de palmeira. Seus elementos são o céu e a terra. Seus domínios referem-se à riqueza, vida longa, ciclos e movimentos constantes. Por conta disso, é o Orixá responsável pelo movimento da Terra, sem esse movimento o planeta morreria. Trata-se de um Orixá masculino. Tanto pertence à terra como à água, é o feminino e o masculino, o macho e a fêmea, expressa a união de opostos que se atraem e proporcionam a mutação do universo.

Os filhos desse Orixá querem sempre renovar suas vidas, a rotina é coisa que os incomoda. Não medem sacrifícios para realizar seus sonhos, são obstinados na luta por seus objetivos. Adoram gabar-se das riquezas; nesse sentido, não são nada humildes. São muito ágeis, estando sempre em movimento.

Nàná Burukù

Representa a grande mãe Terra. É a divindade da matéria-prima de onde tudo nasce. Reina na água doce e pântanos. Associa-se a Osalá na criação do mundo.

Está sempre presente na maternidade e dança embalando os braços como se estivesse segurando uma criança, representada pelo Ibiri, feito de raminhos de palha da costa e nervuras de palmeiras.

Nàná, associada à maternidade e à fecundidade, também se relaciona com a agricultura e a fertilidade da terra, simbolizando o nascimento de novos seres. Está também ligada à morte, pois o corpo do homem retorna à lama de onde nasceu.

Suas cores são o branco e o lilás, seu símbolo, como já dissemos, é o Ibiri, seus elementos são as águas dos mangues lamacentos. Seus domínios são a vida, a morte e a maternidade. É a senhora dos mistérios, divindade suprema. Por ser a mãe mais antiga, representa a memória dos ancestrais. É a mãe de todas as mães, é o princípio, o meio e o fim. Nanã só aceita filhas mulheres, não existindo, nesse sentido, filhos homens.

As filhas de Nanã são pessoas que aparentam uma imagem de pessoas calmas e lentas, parecendo ter a eternidade para realizar tarefas. Na verdade, isso é só aparência, nem sempre são calmas, são teimosas e ranzinzas, guardam mágoas, contudo perdoar com facilidade é uma de suas virtudes. Algumas são vaidosas a ponto de esconder sua verdadeira idade. São muito bondosas, decididas e respeitadas, comportamento virtuoso de suas filhas.

Òsun

Oxum, divindade das águas doces das fontes e regatos. Oxum rege as funções fisiológicas do organismo humano. Protege as mães da gravidez ao parto. Oxum colocou um ekodide na cabeça e decretou que não reconheceria suas filhas e filhos (Yaôs) se não carregassem ekodide, pena de papagaio da costa da África. Deusa da maternidade, deusa da fertilidade, da abundância e da fartura. Deusa da riqueza. Grande deusa mãe pássaro. Yalode, que comanda as feiticeiras, cujo título é conferido a pessoas que ocupam um lugar importante entre as mulheres. É sua a responsabilidade de fertilização das águas e o conhecimento dos Jogos de Búzios.

Sua cor é o amarelo-ouro, seu metal é o ouro, seu símbolo é o abebé, leque com espelho. Seu elemento é a água doce dos rios, cachoeiras e nascentes. Seus domínios são o amor, riqueza, fecundidade, gestação e maternidade. É aquela que detém o poder feminino em todos os sentidos. É a mais bela, charmosa, dengosa e vaidosa, é a mãe que amamenta e ama seu filho.

Os filhos desse Orixá são pessoas que se preocupam muito com que os outros pensam, nesse sentido dão muito valor à opinião pública. São estrategistas em suas buscas, na maioria das vezes obstinados por seus objetivos. Suas filhas têm tendência a gordurinhas, entretanto, são bem-humoradas, alegres e de bem com a vida. Não se apegam às paixões impossíveis, o seu amor-próprio sempre prevalece. Detestam confusões e brigas, são vaidosas e amam o luxo e a riqueza, assim como seu Orixá.

Iròkó

IRÒKÓ OLOKO dos Jeje reside na gameleira-branca (Iròkó) na qual o jovem Omolu foi descansar. Iròkó seria uma das divindades que abrem os caminhos, tem grande afinidade com Esú. Iròkó, assim como Exu, carrega para longe fluidos maléficos.

Na manifestação desse Orixá, os fiéis jogam sobre ele todas as mazelas de que querem se livrar. Iròkó simbolicamente corre para fora e atira no mato todas as coisas ruins. A relação com a árvore tem ligação com os antepassados. O tronco da gameleira onde ele faz morada é enfeitado com Ojá (pano branco). Quando manifestado no yaô, existe a preferências pelas cores fortes, vermelho, azul, marrom e branco.

Sua ferramenta é uma lança que carrega na mão.

Logunedé

É uma divindade muito prestigiada dentro do Candomblé, é filho de Oxóssi e Oxum. É um Orixá muito rico e que traz sutileza, beleza e fineza. Logunedé está ligado às águas doces e à floresta, é pescador, unido ao mesmo tempo à riqueza e prosperidade.

É um Orixá que durante seis meses vive com sua mãe e por conta disso traz suas características. Nos outros seis meses vive com seu pai nas matas, trazendo, nesse sentido, também as peculiaridades de seu pai. Seus metais são o ouro e o bronze, suas cores são o amarelo-ouro e o azul-turquesa. Sua comida é o Omolucum (comida feita com feijão fradinho cozido e temperado), junto com o Axoxó (milho cozido e temperado). Seus símbolos são a balança, o ofá, o abebé e o cavalo-marinho. Seus elementos são a floresta e as águas de rios e cachoeiras. Seus domínios são a riqueza, fartura e beleza. Assim como sua mãe, é sem dúvida um dos mais belos Orixás. Às vezes é doce como Oxum e em outras é sério e solitário como Oxóssi. É o deus das surpresas e do inesperado.

Os filhos de Logùn são narcisistas, adoram o luxo, a sensualidade, a beleza, o charme, a elegância e a riqueza, são cautelosos e objetivos em suas colocações. Como já dissemos, carregam os arquétipos de seus pais; por conta disso, são pessoas um tanto difíceis de se compreender, pois às vezes demonstram incerteza daquilo que realmente desejam. Possuem características próprias, seus olhos se assemelham aos de um gato, difíceis de serem fitados, transmitem um sentimento de algo que seduz e afasta ao mesmo tempo, fazem o gênero "belo, mas vulgar". Todavia, aqueles que conseguem dominar esse lado tornam-se pessoas extremamente queridas e agradáveis. Uma expressão que resume as características de seus filhos é: "Os filhos de Logùn não andam, pairam sobre o ar".

Obá

Orixá do rio Obá, um mito muito conhecido narra que Obá seguiu os conselhos de Oxum cortando a orelha para fazer um encantamento para conquistar Xangô, posteriormente a orelha foi substituída por uma massa feita com taioba. Quando Xangô soube do ocorrido, expulsou as duas de casa, transformando-as em dois rios.

É uma divindade guerreira e representa a irmã mais velha de Oyà e Yewa. Seu metal é o cobre, suas cores são o marrom rajado, o vermelho e o amarelo, suas comidas são o abará, o acarajé e o amalá. Seus símbolos são a ofange (espada), o escudo de cobre e o ofá. Seus elementos são o fogo e águas revoltas, seus domínios são o amor e o sucesso profissional. É também um Orixá de muitos

mistérios, há pouco estudo sobre ela. Totalmente desapegada de bens materiais, troca tudo por apenas uma expressão de amor.

As filhas de Òbá não são fáceis de fazer amizades, por conta de seu aspecto duro e inflexível. Têm frequentes crises de existência por não terem o dom da comunicação. São pessoas que fazem muitas críticas e consequentemente se tornam pouco queridas. O excesso de ciúmes nas relações normalmente faz com que sejam infelizes no amor. Entretanto, se trabalhado esse lado, podem ser grandes pessoas na Terra.

Yewà

Uma lenda da África diz que Yewà era muito humilde e certo dia seus filhos foram brincar na floresta, acabando por se perderem. Sem água para tomar, estavam morrendo desnutridos e YEWÀ pediu aos deuses que salvassem seus filhos. YEWÀ foi transformada numa grande lagoa e seus filhos foram salvos.

Ela é a deusa que representa a parte branca do arco-íris que fica em volta do Sol e também da Lua. Nesse sentido, representa todos os raios brancos emitidos para a Terra.

Está relacionada à dança das águas; nos seus cânticos é chamada de "Dona do Mundo". Seus metais são o ouro, a prata e o cobre. Suas cores são o vermelho-maravilha, coral e rosa. Seus símbolos são a Dã (cobra) e a espada (lança ou arpão). Seus elementos são a floresta, céu rosado, astros e estrelas, água de rios e lagoas. Seus domínios são a beleza, a vidência (sexto sentido, sensibilidade) e a criatividade. Yewà tem fortes ligações com Òsúmàrè; por conta disso, quando esses Orixás se encontram, fazem os atos de suas danças juntos.

Os filhos de Yewà são donos de uma beleza exótica, suas características diferem bastante, mudam de humor com muita facilidade, nesse sentido tornam a convivência com as demais pessoas um tanto complicada. São extremamente vaidosos e materialistas, apegados a bens materiais, amam e ostentam o luxo e a riqueza.

Adoram as badalações e uma vida social bem agitada.

Òya

Òya é uma divindade que se relaciona com todos os espíritos da natureza. Está ligada às almas de um modo geral, as quais domina com seu Irukere.

Òya tem o poder de transformar-se em um búfalo e em um elefante, e ainda tem a faculdade de transmudar-se de um animal a uma mulher instantaneamente.

Òya deixou a seus filhos um par de chifres que servirão para invocá-la quando for necessário. Rainha dos Eguns, está associada ao movimento, indicando a continuação entre a Terra e o além. Suas cores são o marrom, o vermelho e o rosa, seus símbolos são a Espada e o Eruesin. Seus elementos são o ar em movimento e o fogo. Seus domínios, as tempestades, ventanias, raios e morte.

Orixá guerreira, com seu caráter extravagante consegue conquistar seja na efervescência de uma guerra ou mesmo na arte do amor. Os filhos desse Orixá são pessoas extremamente ágeis, assim como o vento; não suportam ficar paradas. Desapegadas de grandes paixões, costumam ter vários relacionamentos amorosos. Porém, ao contrário do que muitos pensam, quando estão apaixonadas, são muito fiéis aos seus parceiros. Outra característica marcante são as mudanças bruscas de humor e ainda os comportamentos explosivos quando se sentem iradas e a facilidade de se sentirem calmas como a brisa sem demonstrarem que um furacão passou por ali.

Iyemonjá

Iyemonjá é o Orixá das águas primordiais, associada ao poder da criação. Exprime assim sua relação com a continuidade viva das gerações.

Iyemonjá é o Orixá mais conhecido do panteão afro-brasileiro, quase se tornando independente do Candomblé. É considerada mãe de todos os orixás.

Ela é a senhora da riqueza marinha, principalmente da pesca, além do alimento do espírito e das matérias. Assim como o mar, Yyemonjá é a deusa dos mistérios mais profundos, o homem expandiu de todas as formas a tecnologia, mas jamais conseguiu descobrir os mistérios ocultos nas profundezas do mar.

Suas cores são o branco, o cristal, o azul e o rosa. Seu metal é a prata, seu elemento são as águas do mar. Seus domínios são a saúde mental e a psicológica. Seu símbolo é o abebé (leque prateado de forma circular). É a mãe de todos os filhos, está presente nos rituais de iniciação através do Ebori. É a mãe que orienta e mostra o caminho a todos.

Seus filhos são arrojados e imponentes, costumam pôr à prova suas amizades. Fazem-se respeitar e são devotados a suas obrigações. As filhas são excelentes donas de casa, dedicadas e generosas com aqueles que as cercam, contudo são extremamente possessivas nas relações de amizades e sentimentalismo. Costumam exceder na veracidade dos fatos e fazem uso de chantagem emocional quando se sentem acuadas.

Sàngo

Xangô comanda as forças e energias sobrenaturais da natureza. É um Orixá dinâmico, está associado ao Universo, aos planetas.

Xangô está associado à magia, envolvido de segredos e mistérios. Xangô, Rei de Òyó, seus antepassados pertencem à família real. Xangô representa a autoridade, a ordem e a justiça. Castiga os culpados, zanga-se quando duvidam de seu poder. Aparece na mitologia como um guerreiro valente, orgulhoso e poderoso.

Suas cores são o vermelho, o marrom e o branco, seus símbolos são o machado duplo e o xerê. Seus domínios encontram-se na justiça, no poder estatal e todas as questões jurídicas. Por conta disso, podemos dizer que é um Orixá que gosta de grandes desafios. Xangô está intimamente ligado a tudo que se refere à realeza; quando se manifesta, a majestade se faz presente.

Seus filhos são pessoas de corpos bem estruturados. Gostam do poder e detestam receber ordens; na sua maioria, buscam cargos de chefia. São amantes da boa mesa, apaixonados pelo luxo e a riqueza. Ao contrário de seu pai, os filhos de Xangô são egoístas, materialistas e injustos, primeiro eles, depois os outros. Detentores de espíritos guerreiros, normalmente conseguem o que querem. Outro fator importante no arquétipo dos filhos de Xangô é a hospitalidade, o carinho e o amor dedicado àqueles que ele escolhe para amar.

Òsáàlá

"Oxalá é o Cosmo origem de tudo."

Oxalá moldou o ser humano na argila, deu-lhe nariz, boca, olhos e ouvidos. Representado pelo Ala, pano branco que esconde o mistério da vida e da morte. O Ala está presente em todo ritual, do princípio ao fim.

Oxalá está relacionado com o verbo, com o logos, é o dono da palavra, sendo esta muito poderosa e atuante; desencadeia forças e devido a esse poder também está ligado ao silêncio.

As qualidades de Oxalá dividem-se em "o velho" e "o novo". Na sua forma de Oxalá novo ele é guerreiro repleto de vigor e grandeza, recebe o nome de Osogiyan. Oxalá velho, de acordo com o mito, teve sete anos de cárcere, preso por engano nas masmorras do reino de Oyó, sofreu injustiça, porém retornou na figura de um velho sábio, cheio de nobreza, na posição única de Oxalá Olufon.

"O silêncio é uma prece."

Oságiyán e Ajaguna

Os domínios tanto de Oságiyán como de Ajaguna são as lutas diárias, a paz e a união das famílias. O metal é o chumbo, seus símbolos são a espada, a mão do pilão e as varas de atorí. As cores de ambos são a branca com o azul-claro. São jovens e guerreiros, odeiam agressão, representam a paz.

Òsààlá Olufon

Diferente de Òsàgyán, Òsàlúfón é o Orixá do Pano Branco, seus domínios referem-se ao poder procriador masculino, criação, vida e morte. Seus elementos são a atmosfera e o Céu. Seu símbolo é o Opasoro ou opaxorô (cajado).

É o Orixá velho, foi o primeiro a nascer, guarda a essência da vida. Representa a totalidade, reside em todos os seres humanos, independentemente do Orisá que cada um carrega. Está presente em todos os rituais, sejam eles quais forem.

Os filhos de Òsàgyán são alegres e de bem com a vida, bem falantes e brincalhões, às vezes orgulhosos, os de Òsàlúfón por sua vez trazem como característica marcante a teimosia. São pessoas mais fechadas, porém verdadeiras e amigas de fato.

Capítulo VI

Mediunidade

Mediunidade

Todos os seres humanos trazem consigo um certo grau de mediunidade, é sem dúvida alguma um dom divino, vem de berço, atua sob a lei de causa e efeito.

"O homem é o próprio Cosmos, Deus, é a réplica do universo."

A mediunidade é como qualquer outra faculdade, é empregada tanto para o bem como para o mal. É questão de livre-arbítrio.

Assim como a vista nos permite perceber o mundo visível, a mediunidade nos liga ao mundo invisível, dos desencarnados, de onde podemos obter a comunicação direta com as almas dos ancestrais e com as outras galáxias. Assim sendo, podemos obter conhecimento e sabedoria para trilhar uma vida futura melhor. Precisamos compreender a existência do mundo espiritual que nos cerca de energias, o qual demonstra que a natureza é por consequência a chave dos mistérios de Salomão e de um grande número de fenômenos incompreendidos pela ciência.

A Sagrada Escritura diz: "Vós sois deuses".

A mediunidade é a ação consciente e inconsciente dos entes encarnados, todos os seres racionais possuem esse dom, cada qual integrante de um dos seguintes grupos:

Mediunidade psíquica ou intuitiva: é aquela em que o médium escuta palavras e as ideias se formam no cérebro. Escreve ou transmite de livre e espontânea *vontade. Por se tratar de um acontecimento intuitivo, há que se ater à conclusão do pensamento para que não seja contrário ao sentido original do que foi recebido.*

Mediunidade somática ou mecânica: é aquela em que o espírito domina e utiliza parte do médium ou o todo e sem possibilidade de intervenção do médium.

Dentro desses conceitos, ou seja, mediunidade psíquica (intuitiva) ou somática (mecânica), em ambos os casos encontram-se os seguintes grupos, denominados de sete dons mediúnicos:

1. *Clarividência;*
2. *Vidência;*
3. *Psicografia;*
4. *Audição;*
5. *Curandoura;*
6. *Passiva;*
7. *Incorporação.*

Todos os seres encarnados possuem um desses sete tipos de dons mediúnicos, quer seja intuitivo ou mecânico, com um deles à espera de um desenvolvimento ou aprimoramento. Todavia, têm sempre acentuado em especial um dos tipos, que será sua mediunidade na presente existência.

1. *Clarividência:* é a atuação de uma vibração na mente do médium, através da qual se pode descrever quadros possíveis de acontecer dependendo do fator tempo. É a vidência clara de imagens e visões do mundo espiritual e sobre fatos que acontecerão. Esse dom pode ser dividido em:

a. *Clarividência espontânea:* ocorre de maneira involuntária, as imagens surgem na mente da pessoa, formando quadros e advertências nos momentos menos esperados pelo médium.

b. *Clarividência provocada:* acontece de forma diferente, através da materialização e da vidência. A primeira, isto é, a materialização é a forma grosseiramente material de clarividência em si, consciente em materializar a quem se deseja ver ou falar, podendo ser realizada de olhos fechados. A vidência por sua vez é a faculdade que pode ser desenvolvida através de exercícios especiais para que se possa ver de olhos abertos, através de um copo com água, bola de cristal, fumaça etc.

2. *Vidência:* através desse dom recebe-se a segunda visão, imagens de espíritos ou fatos do mundo espiritual. A visão é mais fraca do que a clarividência, pois está condicionada aos espíritos, e não ao médium.

3. *Psicografia:* através dessa faculdade mediúnica, o médium pode receber vibrações que o fazem transcrever mensagens espirituais.

4. *Audição:* é a faculdade através da qual o médium ouve voz e transmite boas e más notícias.

5. *Curandoura:* é a luz das mãos, a faculdade inata e esclarecedora da cura através de conselhos, ervas, passes, cirurgias espirituais etc.

6. *Passista:* é a capacidade de movimentos vibratórios através de passes para equilibrar e fortalecer as forças positivas e diminuir as forças negativas no sentido de equilibrá-las.

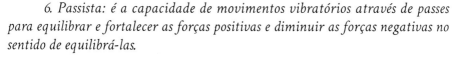

7. *Incorporação: as faculdades do médium de entregar seu corpo à vibração do plano astral, de maneira a facilitar o contato entre o espírito comunicador e as vibrações materiais do seu corpo.*

"*A mediunidade sempre esteve presente na história da humanidade.*" *Amor... verdade... justiça... paciência... honestidade... e principalmente fé. São esses uns dos primeiros passos para se tornar um grande médium.*

O poder da mediunidade é tão importante quanto o poder das vibrações do pensamento.

A mediunidade mal utilizada traz consequências sérias e desastrosas. Muitas vezes o médium, por orgulho e negligência, abusa de poderes e exploração do dom, acaba atraindo para si prejuízos, perdas e danos, sendo que a vítima é sempre ele próprio. A causa principal desse acontecimento é o mau comportamento e irresponsabilidade empregada pelo médium com seus dons mediúnicos.

A mediunidade associada ao pensamento tanto pode ser utilizada para o bem como para o mal, ambas as partes unidas tornam-se uma corrente magnética de onde são lançados fluidos positivos ou negativos, tudo depende do médium. Para melhor traduzirmos esse assunto, teremos de defini-lo em um capítulo à parte. É o que faremos a seguir.

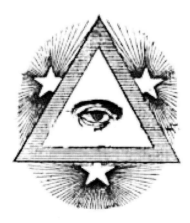

"A mediunidade tem um preço: a quem muito é dado muito será cobrado."

Capítulo VII

Práticas para desenvolver a mediunidade e enriquecer o espírito
Técnicas para relaxamento e depressão
Relaxamento para incorporação
Técnicas para combater o fracasso
Sonhos (Pesadelos e Desilusões)
Acredite em si mesmo
Morte
Poder da Oração
Problemas e problemas
Técnicas de meditação para desvestir-se dos problemas
Para refletir
Pensamento

Práticas para desenvolver a mediunidade e enriquecer o espírito

Falar de mediunidade espírita é uma coisa, falar da capacidade mediúnica de Umbanda é outra bem diferente. Cada um nasce com um dom (uma graça, uma missão, uma tendência); para ser sacerdote de Umbanda tem-se obrigatoriamente que ter o **DOM**. Se o médium tiver nascido com a missão evangelizadora de Umbanda, desde a tenra idade começam os espíritos a trabalharem a mediunidade infantil, para que na adolescência já se manifestem os espíritos esclarecedores, desenvolvidos para ajudarem pessoas que procuram a Umbanda para resolver seus problemas.

Assim, é comum vermos médiuns que não possuem nenhum tipo de estudo, quando incorporados com espíritos iluminados, serem alvos de atenções por parte de estudiosos dos fenômenos espíritas.

Existem médiuns que têm o dom da cura, sendo que na maioria dos casos nunca foram médicos cirurgiões ou estiveram de alguma forma ligados à área médica, nem tampouco tiveram o privilégio de cursar uma faculdade. Contudo, quando incorporados, os espíritos se manifestam pelo dom mediúnico fazendo cirurgias espirituais, inclusive receitando remédios naturais, trazendo grande *sabedoria e conhecimento. Ora, o que vemos é que, quando o médium tem méritos e missão realmente vinda de nascimento, dele se aproximam espíritos já evoluídos que se comprometeram com aquela missão, para então começarem a praticá-la, com filosofia espiritual, mensagens, cânticos espirituais e cura pelas ervas. Qualquer que seja a flexibilidade do médium, todos têm realmente um cunho especial.*

Médium nenhum é igual ao outro, assim como nenhuma espécie da natureza é exatamente igual, mas a essência espiritual é sempre a mesma, não importa qual seja o seu dom mediúnico. Todos eles estão à espera de um aprimoramento e desenvolvimento na presente existência.

Subida ao calvário: Lucca Giordano

Poderíamos comparar o indivíduo que está em fase de desenvolvimento mediúnico como sendo um sintonizador de canais de televisão. Cabe a ele estar em sintonia com os canais de ligação. Portanto, se o médium se concentrar e invocar espíritos bons, terá a presença certa em seu aparelho mediúnico de boas vibrações, no momento certo um deles fará a comunicação. No entanto, se o médium concentrar-se em espíritos malignos, para satisfazer sentimentos de vingança ou ódio, certamente terá a companhia dos piores espíritos.

Todavia, nada impede o médium de receber espíritos pagãos que buscam pela evolução espiritual através da incorporação. Essa é uma prática da caridade espiritual que não é muito aceita, porém existe e deve fazer parte da doutrina espírita.

O médium deve somente usar a sua mediunidade em função do bem-estar das pessoas. Com seu pensamento positivo, ao entrar em transe, passará à sua mente consciente a segurança, a firmeza e deixará sua mente fluir somente em pensamentos positivos de amor, de fé, de respeito com o próximo. Antes de deixar os fluidos espirituais lhe tomarem a mente, é importante fazer uma reflexão em relaxamento para então se entregar aos fluidos espirituais.

Quando um pensamento ou uma ideia estão ligados a uma emoção, o efeito da palavra positiva é dominante. Na verdade, o que se pode fazer para ajudar no transe tanto do yao como do médium que recebe espíritos de Umbanda é utilizar o poder da mente, pensa-se: "Faça-se a luz!", a obediência foi a primeira atividade realizada. O mesmo ocorre com toda a atividade externa do Único Princípio Ativo de Deus. A presença interior vai agindo e dessa forma o indivíduo começa a receber bons fluidos, eliminando influências negativas. Através da comunicação verbal, orienta-se a energia ou transe, pedindo aos anjos do alto que lhe abram os caminhos, que a prosperidade do Grande Cósmico possa estar presente no indivíduo, possuindo sua mente e seus pensamentos. Através da autossugestão o pensamento influenciará o corpo e, do mesmo modo, a mente.

O que vemos infelizmente nos dias de hoje são pessoas que, sem terem o dom para missões espirituais, somente por vaidade ou às vezes por interesse próprio, tornam-se líderes religiosos. Sem pretensões de verdades supremas, a matemática por sua simplicidade e complexidade ao mesmo tempo é a ciência das ciências. É o que ocorre também com a mediunidade, expressão máxima e forte da mão divina de Deus. Pela complexidade absoluta das obras espirituais, por vezes não conseguimos decifrar completamente seus mistérios, mas como é bom saber que estão escondidas as mais elevadas verdades, e somente através de nossos méritos conseguiremos desvendá-las.

Sua mente influencia seu corpo do mesmo modo que seu corpo influencia sua mente. Cada um dos seus pensamentos é o responsável pelas alterações químicas e elétricas do seu organismo. Nossas vidas estão ligadas aos quatro elementos da natureza, fogo, água, ar e terra. O Orixá é a centelha Divina. É o destino, é o repositório da educação que recebemos de berço, ou ego do próprio ser encarnado. No Ocidente é ensinado que o estado do corpo influencia a nossa mente e por sua vez afeta o estado psicológico do ser humano.

Deus existe e nós não o enxergamos. Quantas vezes você perguntou onde está Deus? Se não o vejo? Você já o procurou nessa imensidão do universo? Na criação e procriação de todos os seres vivos da Terra? Na própria natureza enfurecida que destrói com os ventos, tempestades, furacões, maremotos?

Deus na sua infinita inteligência arquitetou todo o universo. Sol, lua, estrelas, planetas, e tudo geometricamente arquitetado. Deus está no ar que se respira, pois ele é o gerador da vida. Quando nos falta o ar, cessa a nossa existência terrena e passamos por novas esferas. Deus está nas plantas, nos pássaros, nas árvores, nas matas, nas águas, em toda parte do universo. Como usar essa energia?

A natureza nos oferece grandes ensinamentos e muitas vezes não prestamos a devida atenção. Tomemos como exemplo a semente e o fruto:

"O lavrador prepara a sua terra para o plantio e todas as sementes ali lançadas surgirão com seus respectivos frutos".

O mesmo acontece com a mediunidade no caminho espiritual, o bem e o mal, a verdade ou a mentira, o amor ou o ódio, a sinceridade ou a falsidade, a justiça ou a injustiça. Jesus em uma das suas parábolas afirma:

"Não se colhem figos de espinheiros nem se apanham uvas de abrolhos".

Tudo isso quer dizer que o plantio é livre e a colheita é obrigatória. É por essa razão que necessitamos de várias existências para plantar e colher. São as leis de causa e efeito em que Deus mostra o caminho do progresso intelectual e moral do homem.

Existem muitos métodos para tirar grandes proveitos da energia Divina. Não importa se você pratica Umbanda ou Candomblé ou a que religião pertença. Deus é a essência de todas as religiões. Comece a fazer um teste com você mesmo e poderá perceber. Não importa se recebe ou não espíritos ou Orixás, lembre-se:

"Deus é a essência de tudo que se move. Deus é a essência dos Orixás (anjos do alto), sem Ele não haveria vida".

Procure um lugar isolado e comece a invocar Deus, o Grande Cósmico, para dentro de você. Nesse lugar calmo e tranquilo, comece a relaxar, deixe a mente vazia, isto é, esqueça os problemas. Respire profundamente por sete vezes, encha os pulmões de ar, esvazie lentamente, repetindo essa operação por sete vezes seguidas. Após o relaxamento comece a pensar positivo. Se você é uma pessoa infeliz, sem brilho, sem sorte na vida, vá relaxando...; comece a fazer com que o elemento fogo (Sol) entre dentro de você.

Na vida tudo é simbólico, então imagine o Astro Sol e seu brilho entrando dentro de você. Procure usar estas próximas palavras para seu relaxamento e meditação, sentado ou deitado em um lugar tranquilo.

"Grande Cósmico Deus, luz de todas as luzes, magia de todas as magias, entre dentro de mim fazendo com que o brilho do universo esteja comigo. Grande Cósmico Deus, me transforme num raio de Sol, para que eu possa chegar a todos os lugares possíveis e impossíveis. Que todo seu poder me transforme num brilho de luz."

Você vai sentir com essa prática diária uma grande transformação em sua vida. Pois o homem é aquilo que pensa.

Você pode utilizar-se desta técnica para se transformar no mar. Sentado de frente para o oceano, se puder num lugar elevado, dê início aos exercícios de relaxamento já ensinados, comece a trazer o mar para dentro de você, seja ele próprio. Se deseja o poder da conquista, faça a magia da transformação.

A palavra transformação quer dizer alquimia. Sem pressa, entregue-se simbolicamente e transforme-se no mar... No ruído, no bater das ondas... Mentalize as profundezas do oceano juntamente com os mistérios do fundo do mar. Divague... comece a pronunciar estas palavras do fundo do seu coração:

"Grande Cósmico Deus, que todo o encantamento do mar, toda sua magia entre dentro de mim".

Simbolicamente sinta que ele veio até você transformando-o em um grande oceano, sinta que você é como o mar, invencível, adquirindo um poder imenso, capaz de ultrapassar todas as barreiras.

Se você é tímido, não tem visão para enxergar as coisas além da sua volta... faça a mesma técnica de respiração e diga:

"Grande Cósmico Deus, trazei a natureza para dentro de mim, fazei de mim uma grande águia (pássaro), que eu me liberte de toda a insegurança do medo, dando-me visão para enxergar além dos limites divinos".

Então comece o processo da transformação. Simbolicamente voe até o mais alto penhasco, sobrevoe as copas das árvores. Sinta a liberdade dentro do seu eu. Seu pensamento é muito forte, voe alto, olhe para os rios que correm lá embaixo, observe os caminhos feitos pelo homem, perceba como é lindo o verde das matas, viaje por toda essa imensidão respirando e sentindo cada emoção. Essa técnica faz com que se perca o medo e a insegurança.

Técnicas para relaxamento e depressão

A depressão é uma doença psíquica que vem levando muita gente a cometer loucuras e atrair doenças ao organismo levando até mesmo à morte.

Novamente pratica-se a técnica de respiração e relaxamento já ensinada. Em seguida repita as seguintes palavras:

"Grande Cósmico Deus, senhor de todos os senhores, gerador de todos os seres viventes da terra, gerador de todos os órgãos do meu corpo, da corrente sanguínea das minhas veias. Entrai dentro do meu corpo renovando as células sanguíneas, fortificando meu corpo, minha mente".

Repita por três vezes essas palavras compassadamente. Pode-se fazer esse exercício associado a um fundo musical ou melodias de meditação.

É importante salientar que: com a técnica de relaxamento da mente, o cérebro é oxigenado e as células são renovadas.

Relaxamento para incorporação

"Grande Cósmico Deus, senhor do absoluto, derramai seu bálsamo gerador da vida dentro do meu ser, para que neste instante e nesta hora todas as minhas células sejam renovadas, pois necessito que somente a força e o poder estejam dentro de mim. Assim seja... Assim se faça e assim se cumpra, amém, amém, amém."

O homem muitas vezes não sabe o poder que tem dentro de si e esquece seus próprios valores.

"Tudo o que está em cima é igual ao que está embaixo, tudo o que está embaixo é igual ao que está em cima."

Meditar é rezar, é chegar mais perto de Deus. O ser humano representa o cósmico, pensar positivo é dizer sempre com convicção a cada amanhecer:

"Eu posso, eu quero, hei de vencer...".

É assim que se pode atrair grandes energias para si. O médium tem o corpo aberto para adquirir cargas e descargas. Às vezes acaba por receber lixo astral, que são cargas negativas vindas com objetivo de atrapalhar. Tudo vira às avessas, a vida se torna um verdadeiro caos. Para se defender, use a técnica de energização e assim purificar seu corpo.

Existem pessoas que inconscientemente sugam energias dos outros, quando se aproximam já se pode sentir que algo está sendo sugado e, consequentemente, começa-se a sentir mal-estar e abrição de boca. Infelizmente são pessoas vampíricas, isto é, sugadoras de energias. Para sua proteção use uma oração muito antiga de Santo Antônio, ideal não só como eliminação de forças indesejadas, mas para vários problemas.

Inicia-se com a técnica do relaxamento, em seguida pronuncia-se:

Santo Antônio pequenino, amansador de burro bravo,
assim como amansaste o poder maligno do diabo,
abrandai e amansai meus inimigos.
Se tiverem pés, que não me alcancem.
Se tiverem mãos, que não me agarrem.
Se tiverem olhos, que não me vejam.
E que se sintam tão acorrentados
como se viu Nosso Senhor Jesus Cristo na cruz.
Para todo sempre, amém.

Obs.: na maioria das vezes, as pessoas que transmitem esse peso ou são sugadoras de almas não têm culpa e até mesmo nem sabem que são assim. Esse é um problema cármico.

Existe dentro do esoterismo o mantra dos três poderes:

- *Mundo físico*
- *Mundo espiritual*
- *Mundo Divino*

Segue-se o mesmo processo de relaxamento conforme já foi explicado, pronuncia-se o som "aom" compassadamente, enchendo e esvaziando os pulmões ao terminar o "aom".

Esse exercício, praticado com devoção e fé, dirigido nos seus pedidos para o bem, agirá como forma de ímã.

Esse mantra só pode ser dirigido para seu bem-estar físico e espiritual, do contrário haverá choque de retorno. Quando sentir que seu corpo está carregado, use ervas para banhos de descarga. O banho de ervas significa a purificação, a renovação e o renascimento, no sentido de eliminar as sensações negativas por meio das águas do batismo. Antigamente até as estátuas dos deuses eram mergulhadas nas águas, assim como o relacionamento entre Deus e os homens. Como já mencionado, a psicanálise vê o banho como o inconsciente retorno ao útero materno.

Técnicas para combater o fracasso

  Pois é, ontem era diferente... Parecia que seria para sempre, mas de repente sem imaginar tudo mudou... A vida virou às avessas, puxaram seu tapete.
  Você não estava preparado para perder... E como recomeçar de novo?
  O tempo vai passando... A vida não é mais a mesma... Recomeçam as aulas das crianças... Elas já são adolescentes ou estão na pré-adolescência.
  Então você diz: "Meu Deus, como é difícil".
  Veja a primeira coisa que você faz... Perdi tudo o que tinha na vida... Honra... Créditos... Carros... Amigos... Então vem aquela frase: "E Deus onde estava nessa hora que não viu o que estava acontecendo comigo?".
  "Será que existe Deus?"
  "Pratico minha religião todo o tempo."
  Quando você começa a questionar Deus ou sua fé... aí é que começa o fracasso.
  Então você vê seus amigos que o abandonaram crescendo... Crescendo... E você só fracassando...
  Então você começa a mudar... Sua personalidade tranquila e certa... começa a ficar amarga...
  Pois é!... Você fica tão amargo que exala ódio... Rancor... Ira... Inveja... Ciúmes... Discórdias...
  Você chega ao ponto de querer que todos fracassem... Assim como você fracassou...
  Sua família... Você não está nem aí, pouco importa!
  Você nem notou que a ira, o ódio, a raiva, o amargor da sua vida você passou tudo a eles... Veja, você nem teve tempo de reparar que a personalidade deles ficou igualzinha à sua... É o reflexo do espelho...!

Observe: o que você acha disso?
Quer continuar alimentando ódio?
Jogando culpa todos os dias em alguém?
Questionando Deus em todos os momentos?
Com certeza você vai arrumar um culpado...
Pois isso faz parte da vida...
Você vai continuar com o reflexo negativo do espelho?
Cuidado... Isso pode lhe custar muito caro.
Será que vale a pena? Os anos passam depressa...

Enquanto isso seus inimigos imagináveis estão crescendo, ou seja, aqueles que você apontou como culpados.

Olhe-se no espelho... Viu como as marcas do ódio, da raiva, do rancor acabaram com você?

Valeu a pena?

Acredito que não...

(Bem... agora você está consciente do que houve com você... Vamos mudar sua vida?)

Que tal começarmos com... Vamos apagar esse pedaço difícil da vida que você viveu?

Vamos refazer a personalidade dos filhos, esposo ou esposa, ou seja, de toda a família que passou por esse mau pedaço?

Como já dissemos... Apagando tudo que de ruim que aconteceu... Passando a borracha...

"*Vamos começar com o coração.*"

1º - Relaxe... Inspire e expire...

Segure o ar no pulmão contando de 1 a 7 por muitas vezes até que se sinta relaxado... Inspire... Aspire...

2º - Dê um tempo para você... Não tenha pressa...

3º - Agora que você já está relaxado... vá visualizando, onde você errou?

Em nenhum momento quando você estava no auge da vida você pensou... Nada é para sempre... Devo ser cauteloso nos negócios... Nas dívidas... Na saúde... Na paz familiar... E até mesmo com as amizades... Tudo tem seu preço... Isso você já observou!

Continue... Lembra o momento da ganância?... Eu quero mais e mais... Você se lembrou de Deus?

Você esqueceu a família...

Não teve tempo para dialogar...

Continuo afirmando: tudo tem um preço... nesta vida.

Pois bem... Quando você descobrir a verdade e aceitar que você é responsável pelo próprio destino ao desencadear um punhado de fatores na sua vida os quais se referem a perdas e danos, somente depois da consciência plena de sua responsabilidade é que as coisas começarão a mudar.

Não existe causa sem efeito e nem efeito sem causa.

O antigo provérbio ensina:

"Hoje o destino é o dono: o homem foi ontem".

Aceite a verdade: suas falhas e erros... Ninguém é perfeito... Pois para curar o mal tem que ser usado o mesmo antídoto.

Pense! Joguei dinheiro fora... Joguei com a sorte... Não tive cautela... Joguei a saúde na lata do lixo... Perdi minha família.

A partir do momento em que se encara a verdade, por pior que ela seja, a cura para o problema já está vindo.

Veja bem... Tudo que se passou em sua vida de perdas e danos servirá como bagagem até o final dos seus dias. Pois são experiências da maior faculdade do mundo.

4º - Continuamos com o relaxamento: inspirando e expirando.

5º - O homem é uma estrela nascida do pó das estrelas de milhões de anos, carrega consigo uma partícula de luz universal chamada inteligência.

6º - Inteligência: a mente é o veículo do eu, ou seja, o espelho que reflete as imagens que vão produzir na consciência reflexos de grande sabedoria e poderes.

7º - Agora você pode se transformar numa estrela, visualizando a estrela de cinco pontas, ou seja, a estrela de Davi, ou no culto de alta magia. O homem, estrela em pé.

8º - Continue visualizando e se transformando numa grande estrela (simbólica), iluminando todas as galáxias...

9º - Após o término do relaxamento e meditação, traga consigo a estrela brilhante, isto é, que seu brilho reflita em você nos quatro cantos do mundo.

Pensando sempre positivo:

"Eu sou o que sou".

Obs.: deixar uma música clássica de fundo, para relaxamento mais intenso.

Não existe fracasso nem triunfo, assim como não há o bem e nem o mal.

Sonhos (pesadelos e desilusões)

Hoje foi uma péssima noite... Você vira pra lá e pra cá e nada de sono...
Que noite horrível...
Então você pensa: "Não há solução para os meus problemas... Parece que vou cair no fundo do poço...".
Veja... E tudo isso por quê?
Há pessoas que estão sempre prevendo dores e pesares...
As dificuldades são exatamente do tamanho que imaginamos.
Não faça desses pesadelos noturnos um inferno na sua vida...
Pare! Pense... Será o fim do mundo?
Pare!... Repense... Você apenas perdeu o que não lhe pertencia, portanto, não perdeu nada.
Será que a pessoa que saiu da sua vida era tão importante? Ou você não aceita perder?
Sabe, o maior problema do ser humano é não aceitar as perdas da vida... É um erro, pois se torna uma pessoa obcecada.
Você quer viver o problema dia e noite e não aceita que foi bom enquanto durou!

Tudo passa e isso também passará...

Novas oportunidades surgirão na vida e você se sentirá bem melhor. Talvez até seu Anjo o guiará por caminhos de prosperidade... Não lamente... Nunca foi seu...

Não fique dizendo que você não está em paz porque os outros não o deixam em paz.

"A paz é um dom divino."

Liberte-se desses problemas... A libertação do desejo conduz à paz interior.

Então vamos lá!

Vamos chegar ao "cósmico" através do seu pensamento.

Nada é impossível...

Basta querer... Ter força de vontade.

Faça a técnica do relaxamento.

Respirando... Expire... Contando de 1 a 7 segurando o ar nos pulmões... Repetindo quantas vezes for possível... Até se sentir relaxado... Inspire e expire...

Visualize e imagine...

Imagine Deus como sendo um grande globo azul.

Pense... Tudo é possível...

Envolva-se nessa luz deixando seu espírito entrar nela... Peça o que for melhor para você...

Acredite na força do pensamento.

Sabe... Tudo isso que você está passando, mesmo que neste momento esteja deprimido, sem fé, sem esperança... Dê um crédito a si mesmo e acredite... Só depende de você...

Que tal?... Faça um teste... Não custa nada...

Continue relaxando e escutando uma música para meditar...

Pense que sua vida vai mudar... Pela força do pensamento.

Focalize o pensamento num só objeto, seja físico, mental ou espiritual.

A visão do homem é tão penetrante que pode rasgar os véus que ocultam as verdades universais, e quando rasgá-los verá dentro de si quão grande é o poder que se tem na mente.

A mente é o veículo do Eu, ela transporta, assim como um grande espelho, as imagens do conhecimento e da sabedoria interior.

No estado de relaxamento feche os olhos repetindo sempre estas frases:

Eu sou a luz de toda a luz...
Eu sou o anjo que está dentro de mim...
Eu sou a luz do absoluto.
Pois a fé e a luz são as virtudes que transportam montanhas.

Acredite em si mesmo

Sei que muitas vezes é difícil falar... Mas você sente que o mundo está caindo em cima de você... Tudo o que você tenta fazer se torna cada vez mais difícil...

Quantas vezes você tentou o vestibular para cursar uma faculdade... E ansioso espera pelo resultado... e mais uma vez... que decepção... Seu nome não está na listagem dos calouros... E você sente que este dia foi o pior dia da sua vida...

Então, você pensa: "é só comigo que acontece...". Mas não é assim... Milhares estão passando pelo mesmo problema... Mas neste momento você não quer ouvir ninguém... Sente-se um fracassado. Que besteira a sua... Levante a cabeça e dê a volta por cima, tente outra vez... Com mais confiança em si mesmo.

Pois bem... Vamos buscar a resposta dentro de você... Tudo é possível...

Em primeiro lugar você tem que tirar da sua mente que tudo que lhe acontece é obra do destino... ou do demônio...

Você imaginou o demônio e viu-o, e assim também imaginou o destino e sentiu sua presença negativa.

O destino são fatos bons e ruins personificados! O demônio é uma explosão de pensamentos perversos, maus, invejosos, e toda a maldade reunida e realizada.

Pois o homem é o fabricante de seu destino e de seu demônio. Faz parte do livre-arbítrio nesta vida terrena.

A existência de tudo depende do pensamento positivo ou negativo, pois não há causa sem efeito nem efeito sem causa.

É como enviar uma mensagem para o Grande (Cósmico) "Deus" e assim vai receber o retorno.

"Pois em verdade vos digo que, se tiverdes fé como um grão de mostarda, direis a este monte: Passa daqui para acolá, e ele passará. Nada vos será impossível." (São Mateus XVII 14-20).

Então coloque uma música para meditação e comece a relaxar.

Como já foi dito, visualize o que deseja para sua vida material e espiritual:

"O homem é aquilo que pensa e imagina ser".

Faça o relaxamento... Deixe sua mente vazia... Jogue tudo para fora... Não tenha pressa...

Visualize a sabedoria dentro do seu eu... Relaxe e pense...

Traga toda a sabedoria do Grande Cósmico Deus.

Imagine a imensidão do universo: você já pensou no poder desta Divindade Cósmica, Deus?

O homem chegou à Lua, mas não conseguiu desvendar 1% dos mistérios do universo.

Tampouco desvendou os segredos do fundo do mar...

Deus é a sabedoria maior!

Portanto visualize e traga todo o conhecimento desse grande matemático para dentro do seu eu e com certeza você passará em todas as faculdades que deseja, e trará para si toda a sabedoria universal.

Siga repetindo...

— Eu sou a fonte da sabedoria absoluta. Eu sou o que sou.

Repita várias vezes e renovará suas células, oxigenando o cérebro para maior sabedoria e juventude longa na sua vida.

Morte

Experimente.

"Ora, Deus não é Deus dos mortos, de vivos... porque para Ele todos vivem." (Lucas 20:38).

Pois é... Todos têm tanto medo da morte, mas se pensássemos um pouquinho... Veríamos que nascemos para morrer...

A cada dia que passa na nossa vida estamos mais próximos da morte.

Mas o que é a morte?

Ninguém sabe se a morte, que os homens, em seu medo, supõem ser o maior mal, não é talvez o maior bem.

Não existe outro caminho, nem outro método e quem disser mentirá... Pois a única certeza que temos é a de que um dia partiremos para o outro lado da vida, faz parte da natureza.

A vida é nossa mãe, é nossa morte, nossa irmã.

Sábio é aquele que sabe que algum dia há de morrer, mas não acredita na morte.

Não existe a morte: a vida sempre é.

As pessoas passam para outra dimensão e continuam vivas.

Da majestosa árvore, após dar seus frutos, o frio e o vento do inverno amarelam suas folhas e as dispersam para todos os caminhos.

Assim é o homem, chega o tempo em que sua roupa terá que ser devolvida à "Grande Mãe Terra".

Pois... Essa roupa será trocada por uma vestimenta pura e limpa. Pois os Deuses escondem dos homens a beleza da morte, para fazer com que suportem a vida terrena.

"Quem não nascer outra vez não poderá ver o Reino de Deus", disse Jesus.

Quantas mães perdem seus filhos ainda crianças, jovens, repentinamente... E acompanham seu esquife com lágrimas e prantos de profunda dor... Em pouco tempo o silêncio... Lembranças...

A dor da separação... Os lábios que sorriam, cantavam, emudeceram... O tilintar do telefone, seus amigos, o balanço, o moleque que subia em árvores tornou-se imóvel.

Que palavras dar a essa mãe? Será que existem palavras...

Os anjos fizeram um grande jardim na terra... Todos os dias os anjos com seu tocar dos sinos, harpas, flautas... regam esse grande jardim, e a cada dia que passa ele fica mais lindo.

Então um dia eles resolvem colher aquela flor mais formosa desse jardim... E levar para junto deles...

E assim eles colhem aquela flor mais linda e perfeita para estar junto deles no jardim celestial.

O que devemos aceitar é que essas flores não nos pertencem...

Nos são emprestadas por tempo indeterminado.

Pois todos nós fazemos parte do jardim celestial...

A morte é o acontecimento mais previsível e inevitável para o ser humano, e muito mais: é a dor mais difícil de se aceitar.

Então vamos pensar:

A morte não existe, é apenas uma troca de roupagem.

Com uma luz intensa, sem dor, sem sofrimentos, livre do corpo (roupagem), voando como pássaro... Feliz...

Um dia nos encontraremos todos no mesmo lugar...

É uma questão de tempo...

A vida continua...

Poder da oração

"Pedi e receberei, buscai e achareis, batei e abrir-se-vos-á e ao que bate abrir-lhe-á." (Jesus)

Se você plantar uma semente no solo e desenterrá-la a todo momento para ver se está crescendo, ela jamais germinará.

De modo semelhante, se todas as vezes que você orar ficar esperando que o Senhor te dê um sinal de que concedeu o seu desejo, nada acontecerá.

Não tente testar Deus.

Continue orando sem cessar.

Um dia subitamente verá o seu desejo realizado.

A oração não é um dever, e sim um privilégio.

Pois só conhece o poder da oração quem passou por grandes amarguras.

O símbolo de Salomão, a estrela de seis pontas, ou seja, o triângulo entrelaçado já nos diz: tudo que está em cima é igual ao que está embaixo e o que está embaixo é igual ao que está em cima...

Portanto rezar é entrar em contato com o infinito de cima e o infinito de baixo.

Há um Pai que é poder, que é amor, que é energia, que é perfeição, que é bondade, que é paz, que é misericórdia. Quando você reza: "Pai nosso que estais no céu...", lembre-se de que Deus é pai. Essa é a palavra mais perfeita para atribuir a Deus. Pai, e não fiscal nem guarda. (Lauro Trevisan)

Problemas e problemas

Quando você se queixa da vida, lembre-se de que você é livre para tomar a decisão na sua vida... Seja ela qual for... Ninguém pode barrar o seu caminho.

Muitas vezes atravessamos dificuldades que parecem intransponíveis e insolúveis, pois parecem não ter fim... E com o tempo só enxergamos painéis de tristeza e dor...

A solução está na natureza, na grandeza do Grande arquiteto do universo: Deus, observando os quadros magníficos que estão diante de nossos olhos.

Faça um passeio montanha acima e observe a paisagem... À medida que você sobe tudo fica tão pequeno... Parecem caixinhas de fósforos... Observe como seu problema também pode ficar pequenino, enxergando lá de cima...

Então passe a olhar as coisas difíceis da vida como quem sobe uma montanha... Seus problemas são do tamanho de uma formiga...

E todo o sofrimento da sua vida se torna uma bagagem de experiências futuras.

Pois o que faz mal não é o problema em si... É estar sempre se lembrando do que aconteceu.

Subir uma montanha é chegar mais próximo do Cósmico, estar em nível superior.

Técnica de meditação para desvestir-se dos problemas

Você já está na natureza...
Feche os olhos e relaxe...
Vá jogando fora todos os problemas...
Esvazie a mente...
Segure o ar nos pulmões o máximo que aguentar...
Aspire e expire até se sentir bem relaxado...
Então comece a ouvir o som da natureza...

Deixe seu espírito se elevar mais alto que a montanha e faça um mantra (falado).

Vá falando de dentro da alma do coração...
Eu sou a força
Eu sou o poder do Alto
Eu sou o que sou
Repita esse mantra diversas vezes...
Ouvindo o som da natureza...
Depois dê uma pausa para o mantra e continue ouvindo o som da natureza...
Ao encerrar, diga em voz alta: Que assim seja, amém... amém... amém...

Para refletir

Existem duas coisas boas em nossa vida: liberdade de pensar e liberdade de tomar decisões.

Pensamento

O maior instrumento do poder está dentro de nós.

O nosso pensamento é como a eletricidade, produz efeitos conforme fazemos uso dele. São dois elos, positivo e negativo.

Nós, seres humanos, somos partículas cósmicas... Somos energia...

Einstein descobriu a física quântica e jamais teremos como negar que somos partículas do Cosmos, essência de muitas galáxias que nos transformou em corpo e alma.

Essa energia nos põe diretamente em sintonia com energias espirituais positivas, que nos tornam capazes de realizar grandes sonhos em nossa vida. Os pensamentos positivos, otimistas, confiantes atraem saúde, prosperidade, paz, amor e sorte na vida.

Quando estamos pensando positivo, enviamos uma mensagem para o Cosmos e por esse imenso poder adquirimos uma vida plena de saúde, vigor, paz e amor; energias santificantes fluirão em toda a corrente sanguínea, renovando as células através de todo o ser.

A lei da sintonia, assim como um "Todo" dentro da espiritualidade, pode não ser compreendida, mas não deixa de produzir efeitos contrários.

Assim como a gravidade atrai os corpos para o centro da terra, o nosso pensamento produz aquilo que desejamos, mas na maioria das vezes recebemos o retorno conforme pensamos.

Vamos imaginar um grande espelho no Cosmos, onde ondas gigantes de pensamentos engendram e atraem e tudo aquilo que transmitimos retorna para nós amplificado.

Capítulo VIII

Símbolos Esotéricos: Estrela de Davi
Número Sete
Número Nove
Pentagrama: Símbolo e Amuleto

Símbolos Esotéricos: Estrela de Davi

Tudo na Umbanda é enigmático e simbólico. Nada existe por existir, desde um ponto riscado até uma vela de cera ou de parafina, colorida ou branca, seja uma bebida quente (cachaça, destilados ou vinhos) ou uma cerveja. Nos símbolos encontramos os ensinamentos secretos escondidos, ou melhor, disfarçados, para que os profanos não possam saber. Jesus ensinava secretamente seus discípulos, e as parábolas eram a forma simbólica de lhes ensinar sem expor aos demais seres as verdades ocultas que não quisesse que soubessem.

Assim, desde a antiguidade, os símbolos foram a melhor forma de ensinar as pessoas. As ciências esotéricas se desenvolvem através dos símbolos, no sentido de tentar definir o Cosmos em suas mais variadas vibrações. Muito antes de falar ou agir, o ser humano pensa. E, ao pensar, ele emitirá formas de pensamentos. Para melhor traduzi-los, utilizam-se da simbologia, ou seja, através dos símbolos. E assim é que se deu a origem da escrita e as demais ciências expressas por símbolos.

Bem, falemos agora da estrela de seis pontas, instituída pelo Rei David e adotada pelas sociedades secretas, dentre elas a Umbanda, como forma de grande aprendizado.

A estrela de seis pontas é formada por dois triângulos entrelaçados, e no centro contém o número 7 (sete). Esse numeral está intimamente ligado à estrela. Por várias vezes citamos dentro de nossa obra a seguinte frase:

"Tudo que está em cima é igual ao que está embaixo e vice-versa".

O símbolo dessa estrela é da Aliança entre Deus e os Homens, é a Luz que vem do Céu e que ilumina toda a humanidade. O primeiro triângulo é o divino, tem os números 1, 2 e 3, enquanto o segundo triângulo é o humano, tem os números 4, 5 e 6, quando entrelaçados, dão origem ao número 7.

Assim, nos ensinamentos dos pontos riscados de entidades espirituais, alguns espíritos riscam a estrela de seis pontas como símbolo do pacto de Deus para com o homem, cujo significado é AMOR, MISERICÓRDIA E JUSTIÇA. Essa estrela também é o símbolo do povo Judeu, em virtude da simbologia Judaica.

Esses dois triângulos reunidos numa só figura formam o Signo Sagrado do Selo de Salomão. A própria gramática atribui às três pessoas do Verbo:

Primeira: "A que fala".

Segunda: "Que se fala".

Terceira: "De quem se fala".

O ternário é a origem do dogma, a Trindade. Dogma Mágico.

Os triângulos idênticos entrelaçados mostram sua igualdade e definição de que: "tudo que está em cima é igual ao que está embaixo".

Primeira: Poder - Pai

Segunda: Força - Filho

Terceira: Realização - Espírito Santo

Há três mundos inteligentes:

- *O mundo Celestial*
- *O mundo Espiritual*
- *O mundo Físico*

O mundo Celestial representa Deus, é a tríplice manifestação. O Pai (Pai--Nosso), em todos os planos do seu significado, se revela no Mundo Físico, no Espiritual e no Celestial.

Deus se manifesta por vários aspectos: pelo Verbo, pelo Espírito Santo e pela Realização viva, luz divina (o Verbo encarnado). Essa é a Corte Celestial, o Mundo Espiritual.

O Mundo Físico é o mundo que nós mesmos criamos, é o nosso livre-arbítrio, o físico da tentação para o mundo baixo, assim nossa espécie continua com os mesmos erros saídos da mesma fonte. A estrela de seis pontas representa esses mundos, e o símbolo dos mistérios, a chave do conhecimento. Entretanto, essa chave não é exposta, esse segredo não é privilégio de todos, depende única e exclusivamente de cada um para desvendar os mistérios que envolvem esse símbolo. A busca pelo conhecimento só depende de nós, acreditando sempre que:

- Deus está no ar que respiramos

- Nas plantas que nascem e crescem

- Deus está na criança que nasce

- Deus está nas fases do crescimento

- Deus está no vento

- Deus está no sol que nos dá a vida

- Deus está na Lua

- Deus está nos nove meses em que o filho cresce no ventre da mãe

- Deus está nas marés que trazem a chuva à terra

- Deus está dentro de nós...

Mas, geralmente, fechamos a nossa alma a esse influxo Divino, que pode se assemelhar ao Sol iluminando a Terra, contudo, sem penetrar nossa matéria.

Caim, filho de Adão e Eva, matou seu irmão, Abel, que era pastor de ovelhas, cordeiro de Deus, era o símbolo de Deus, o símbolo da espiritualidade. Caim tinha inveja do seu irmão, assim vemos que Caim é o símbolo da inveja.

A terra representa o materialismo, a ovelha de fato tornou-se um animal de sacrifício. A natureza dos homens ficou destruída. Primeiro Arcanjo criado após o triângulo, Lúcifer (porta-luz), o Pai das sete notas musicais.

"Enquanto viveres dentro dos triângulos terás sabedoria necessária para todos os seus dias de vida, enquanto houver esse triângulo o homem estará ligado ao Divino e ao astral." (Bíblia Sagrada).

Número Sete

Os números de um modo geral são os representantes dos princípios universais, por meio dos quais todas as coisas evoluem.

São detentores de um significado, uma lógica impressionante, para entendê-los em suas particularidades, é necessário conhecê-los. Para começar, vamos analisar o simbolismo do número Sete.

Podemos ser até questionados por estarmos trabalhando com a Numerologia dentro da Umbanda. Todavia, existe uma relação muito grande entre ambas as crenças. A Numerologia, ou ciência dos números, é consequência da necessidade ancestral do ser humano de expressar-se através de símbolos. Não diferente disso, a Umbanda também é considerada uma crença simbólica. Busca por meio dos símbolos o aprimoramento cristão e o combate à ignorância humana. É através da Numerologia que se conhece o poder e o fenômeno designativo de cada número.

A Numerologia originou-se nos ensinamentos da Escola Pitagórica, cujo pai é o matemático Pitágoras, conhecido por suas contribuições à Matemática, principalmente Aritmética. Tanto Pitágoras como Platão tiveram grande importância para a Numerologia.

O método de utilizar a Numerologia como ferramenta de autoconhecimento pode fornecer o sentido das energias contidas em datas de nascimento, nomes próprios e ainda em questões que fazem parte do dia a dia, servindo de guia nas tomadas de decisões e acertos nos negócios financeiros. Portanto, a Numerologia tem como finalidade esotérica a pesquisa das vibrações cósmicas através dos símbolos numéricos.

Tanto é verdade que Deus, em sua infinita sabedoria, criou o Universo. Nele, colocou suas criaturas, os planetas e as estrelas para iluminar tudo. Para tanto, Deus utilizou-se das ciências exatas, da matemática, da física e de tudo que é lógico que se prova e comprova. Nesse sentido, no princípio era o número 0 (zero), depois o 1 (um), e assim sucessivamente até o infinito.

O número sete pode ser considerado um dos mais importantes símbolos. A ele foi reservado o canal de comunicação entre Deus e os homens, uma espécie de cordão de ligação entre o céu e a terra, por isso é também considerado perfeito, assim como o número nove.

Na maioria das vezes o número sete é mal interpretado, muitos não sabem lidar com ele associando-o a poderes maléficos. Sua simbologia é muito complexa, existem diferentes formas de analisá-lo no que se refere à soma e seu significado.

Para demonstrarmos um pouco do poder desse número, vamos observar estes cálculos e sua representatividade:

__1+6=7__: essa soma representa a Unidade em equilíbrio; __2+5=7__: essa soma representa a ciência desenvolvendo a inteligência; __3+4=7__: essa soma representa a forma em harmonia. Nesse quadro, o número 7 (sete) representa o poder Criador, o número esotérico por excelência, o número da perfeição, o número sagrado, o coroamento de um ciclo. De 7 (sete) em 7 (sete) anos ocorrem transformações no ser humano e um ciclo novo se completa; observe os exemplos:

- Aos 7 anos de vida, o ser humano deixa de ser anjo ou inocente, passando a despertar sinais de consciência;

- Aos 14 anos, atinge a puberdade ou entra no período da adolescência;

- Aos 21 anos, completa o ciclo da transformação e torna-se adulto;

- Aos 28 anos, cessa o desenvolvimento físico e começa o aprimoramento espiritual;

- Aos 35 anos, chega em sua plenitude de consciência;

- Aos 42 anos, chega-se ao máximo da ambição humana;

- Aos 49 anos, começa a decadência orgânica;

- Aos 56 anos, comunhão com os dons divinos, e o máximo do intelecto atingido;

- Aos 63 anos, prevalece a espiritualidade sobre a matéria;

- Aos 70 anos, a reflexão movimenta as faculdades intelectuais;

- Aos 77 anos, capacidade de olhar e contemplar tudo, ante a visão perfeita.

Vale salientar que, com relação ao número 7, existem ainda muitos mistérios.

O número sete é muito utilizado pelos magos. O mago São Cipriano descobriu a alquimia, mudava o curso das coisas e dos rios. Esse símbolo está contido em muitos aspectos:

- Os sete caminhos de Cristo;

- Os sete Anjos que participaram da rebelião Celestial;

- As sete notas musicais; através delas Deus criou o mundo em sete dias e sete noites;

- As sete cores do arco-íris;

- As sete maravilhas do mundo;

- Os sete pecados capitais;

- Os sete dias da semana.

Esse é o símbolo que representa a chave dos mistérios mais profundos, os quais esperamos poder desvendá-los juntos.

Número Nove

O número nove é o da perfeição absoluta. Nove meses de gestação, nove passos que Moisés deu no Templo do Faraó. O número nove é senhor por excelência, toda multiplicação feita com ele, se somado o resultado, dá o número nove. Vejam os exemplos:

9 x 1 = 9	9
9 x 2 = 18	1 + 8 = 9
9 x 3 = 27	2 + 7 = 9
9 x 4 = 36	3 + 6 = 9
9 x 5 = 45	4 + 5 = 9
9 x 6 = 54	5 + 4 = 9
9 x 7 = 63	6 + 3 = 9
9 x 8 = 72	7 + 2 = 9
9 x 9 = 81	8 + 1 = 9

Toda soma dá ele mesmo, por isso é considerado o número da perfeição. Extremamente poderoso se bem utilizado.

Pentagrama: Símbolo e Amuleto

    Desde os primórdios da vida humana, buscam-se respostas às forças e energias ocultas ao redor da Terra. Sem compreendê-las, alguns crédulos buscaram proteção através de amuletos e alguns objetos, criando, nesse sentido, as tradições com uso de símbolos magísticos de cada povo.

    Um dos principais símbolos conhecidos é sem dúvida o pentagrama, a Estrela de Cinco Pontas. Ela possui diferentes representações que foram evoluindo ao longo da história. É conhecida na atualidade como Símbolo de Salomão. Também é encontrada na cultura chinesa, nela se traduz a base filosófica de sua medicina tradicional.

Jacques de Molay

É conhecido como símbolo da Proteção Divina, já foi visto por antigos cristãos como símbolo das cinco chagas de Cristo, por conta disso foi analisado como uma representação do misticismo religioso e do trabalho do Criador.

Também foi símbolo divino para os druidas, povos medievais, nesse período sendo usado como amuleto de proteção contra demônios.

Os Templários, uma ordem mística, também do período da Idade Média, conquistaram grandes riquezas através dos estudos dedicados no sentido de identificar os mistérios do pentagrama. Com Elifas Levi, o pentagrama pela primeira vez, através de uma ilustração, foi associado ao conceito do bem e do mal, pois a estrela é colocada de forma invertida deixando o homem de cabeça para baixo.

A Estrela de Cinco Pontas, ou Pentagrama, adquire vários significados de acordo com o contexto em que é localizada. Na Maçonaria representa o emblema da virtude e do poder, é o homem de braços e pernas abertos na sua total plenitude. Assim, podemos interpretá-la como símbolo do "Homem Realizado", isto é, uma representação da entidade humana evoluída em todos os estágios espirituais.

No ocultismo, incluindo suas diversas ramificações, o Pentagrama desempenha uma função muito importante, sendo usado em rituais e invocações e na forma de talismãs. Os ocultistas interpretam o Pentagrama e outros símbolos cabalísticos nele contidos como poderosos signos mágicos, capazes de potencializar rituais, abrindo as portas da consciência humana.

"Os olhos do Pai" é a representação do planeta Júpiter, são símbolos que se encontram na parte superior do Pentagrama. Uma menção aos olhos do Criador.

No Pentagrama cada lado tem um significado e uma representatividade, vamos a elas:

O símbolo do planeta Marte está colocado nos braços do Pentagrama, representando a Força, ou a Energia pura da criação.

O símbolo do planeta Saturno está localizado nos ângulos inferiores. Podemos dizer que essa insígnia é muito utilizada na Magia. Esse lado da estrela representa os mestres que anularam o próprio ego e as próprias falhas humanas, buscando, nesse sentido, a evolução para enfim chegar à perfeição.

No Pentagrama estão o Sol e a Lua, fazendo uma alusão aos polos femininos e masculinos da criação divina.

. O símbolo do planeta Saturno está localizado nos ângulos inferiores.

Os símbolos de Mercúrio e Vênus, encontrados no centro do Pentagrama, são muito utilizados na Alquimia, referem-se à união dos polos de onde surgirá o Caduceu de Mercúrio.

Estas são a primeira e a última letras do alfabeto grego: Alfa e Omega. Ambos os símbolos fazem uma referência ao princípio e ao fim de todas as coisas. Alfa encontra-se abaixo dos "Olhos do Pai". Omega está invertido, na base do Caduceu de Mercúrio, podendo representar o caldeirão utilizado pelos alquimistas, ou ainda, o caldeirão (útero) da Deusa, para alguns ocultistas.

Os números 1 e 2 dizem respeito à bipolaridade, demonstrando que todas as coisas têm dois lados. O início e o fim, o bem e o mal, o amor e o ódio, o claro e o escuro etc. Encontram-se do lado esquerdo do Pentagrama.

O cálice representa o polo feminino da criação. Nos rituais de Alquimia representa o elemento Água.

    No que se refere à Alquimia, a "espada de fogo" representa o próprio elemento Fogo. Todavia, quando está relacionada à estrela, passa a adotar o papel de polo masculino (pênis), símbolo associado à fertilidade e à produtividade.

    O Baculo é um símbolo que está associado ao elemento Terra, muito utilizado pelos Mestres da Alquimia, encontra-se dividido em sete escalas que representam a evolução.

    O símbolo que se encontra no centro da Estrela é denominado de: o hexágono do Mago. Esse emblema representa o domínio do espírito sobre a matéria. Na Alquimia está relacionado ao elemento Ar.

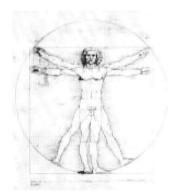

    Diante de tantas explicações e demonstrações, fica claro que não é possível definir apenas uma relação entre os vários símbolos que compõem o Pentagrama nem tampouco uma finalidade específica desse conjunto. Seus sinais transitam entre correntes tão distantes que a interpretação, em certos casos, chega a ser paradoxal.

    Se observarmos essas combinações simbólicas através do ângulo alquímico, teremos um determinado resultado. Porém, se analisado através dos conceitos astrológicos, por exemplo, a conclusão poderá ser totalmente distinta. Assim, a atenção e perspicácia do observador tornam-se fundamentais para decifrar o Pentagrama, um dos mais antigos e poderosos símbolos da espiritualidade humana.

A Estrela de Cinco Pontas representa o homem e seus cinco sentidos. O espírito do homem, símbolo usado na Umbanda e magias para amansar espíritos obsessores. A mente do homem dominando os quatro elementos inferiores.

Diante disso, podemos dizer que a Estrela de Cinco Pontas é o símbolo da iniciação ao misticismo, representa o princípio e o fim.

É o símbolo do homem perfeito, da humanidade plena entre Pai e Filho. O homem em seus cinco aspectos: mental, físico, emocional, intuitivo e espiritual, fatores esses que devem corresponder a todos que são iniciados nos cultos de Umbanda e desejam as grandes virtudes e sabedoria contidas no emblema da paz e amizade fraternal, tornando ele, o homem, a própria Estrela.

"Quanto mais meus inimigos me perseguem, mais me fortalecem."

A vida no planeta Terra é muito passageira. A vida é fonte eterna. Quando trocamos nosso corpo físico pelo imaterial, a contagem do tempo é a bagagem que levamos, as nossas colheitas:

- Quantas existências?
- Quantos corpos?
- Quantos séculos?
- Quantos serviços?
- Quantos triunfos?
- Uma existência — um ato.
- Um corpo — uma veste.
- Um século — um dia.
- Um serviço — uma experiência.
- Um tempo — uma aquisição.
- Uma morte — um sopro renovador.

Capítulo IX

Ervas medicinais
A cura através das ervas
Folhas Sagradas para banhos energéticos
Banhos de descarrego
Banhos de despertar

Ervas medicinais

Como usar na magia dos Pretos Velhos as plantas? Na verdade essa é a forma mais antiga da terapêutica da terra. Podia-se observar em tempos mais antigos que até mesmo os animais em instintos selvagens comiam certas ervas para a saúde e assim aliviar suas dores.

O uso das plantas na medicina humana é universal e assim tem sido há muitos séculos.

Neste livro passaremos os conhecimentos adquiridos através dos espíritos dos ancestrais (pretos velhos, caboclos etc.), espíritos desencarnados que passaram pela Terra.

Tais conhecimentos foram por nós praticados através de muitas décadas, graças a Deus com êxito em muitas doenças.

Diz um velho ditado: "Como adquirimos uma doença, Deus nos dá o remédio para curá-la".

No ritual africano: "Sem folhas não existem cerimônias para orixás".

Banho de ervas no sentido positivo significa a purificação, a renovação e o renascimento, principalmente na eliminação das sensações negativas, por meio da água do batismo, sendo este o relacionamento entre "Deus" e os homens.

A psicanálise vê o banho como o retorno inconsciente ao útero materno.

ABSINTO

Para dar início ao nosso capítulo referente às ervas, vamos defini-las em ordem alfabética, tendo como primeira o Absinto. Absinto = Artemisia absinthium. Também conhecido por **losna** ou **sintro**.

Losna, espécie de Artemísia. Seu sabor amargo fez dela um símbolo de dor e amargura. Diversas espécies de Artemísia são usadas como buquê de noiva, sendo relacionada também à Virgem Maria. Absinto serve também para banhos purificadores nos rituais sagrados, pois é a erva de Xangô.

Combate distúrbios biliares e hepáticos, febres, diarreias crônicas, digestão difícil. Excelente para reumatismo e contusões. Chás diariamente podem ser tomados para inflamação, artrite, diabetes, cálculos renais, gota, fígado, baço, inflamação no sangue — depurativo.

Uso: tomar o chá em infusão três vezes ao dia.

ACÁCIA

ACÁCIA = Horrida (L.) Willd.

Suas folhas em infusão são ótimos calmantes para os nervos. É considerada uma árvore sagrada, devido à sua madeira resistente ser o símbolo da imortalidade. Para os maçons é o símbolo da iniciação. Por ser uma árvore sagrada, suas folhas servem para banhos de purificação do corpo e trazem um efeito mágico no espiritual da pessoa (relaxante espiritual contra inveja e mau-olhado).

Acácia é geralmente usada para lavar e ajudar na cicatrização de feridas expostas.

AGONIADA

Plumeria lancifolia Muller Arg. Combate infecções uterinas e regula o ciclo menstrual.

Uso: tomar o chá em infusão três vezes ao dia.

ALECRIM

Erva aromática queimada em oferendas devido ao seu perfume. De acordo com as crenças populares e costumes, é utilizado para espantar espíritos malignos.

Além disso, é símbolo do amor, da felicidade e da fertilidade.

Alecrim tomado como chá em infusão é ótimo para o sistema nervoso e coronárias.

ALFAZEMA

ALFAZEMA = Lavandula officinalis Chaich.

Erva aromática com o mesmo efeito calmante do alecrim, quando usados como chás na infusão. Pode ser utilizado também para lavagem de feridas e banhos purificadores do corpo.

ALHO

ALHO = Allium sativum L.

Diurético, expectorante carminativo.

Combate pressão arterial alta, tuberculose, resfriados e vermes intestinais.

Uso: prepará-lo com água, serve para distúrbios intestinais, pressão arterial alta e faz cessar a célula cancerosa no seu crescimento. Deixar um dente de alho em um copo de água fria. Tomar durante o dia.

ALTEIA

ALTEIA = *Althaea officinalis* L.

Uso medicinal: para inflamação e irritação do canal alimentar, dos aparelhos urinários e respiratórios (problemas pulmonares), catarro, rouquidão, diarreia, disenterias e distúrbios renais. É usado como gargarejo em infecção de garganta. Uso: colocar na infusão de água fervente e tomar várias vezes ao dia.

ALÇAFRÃO

ALÇAFRÃO = açafrão, cúrcuma, açafrão brasileiro, gengibre amarelo (nomes populares). Nome científico: Curcuma longa.

O estigma do açafrão é um sumo de cor amarela, símbolo da luz e da grandeza em banhos de rituais para brilho e prosperidade da pessoa.

Açafrão (chá) é usado como relaxante para os nervos, tomado em infusão antes de dormir.

AMORA

Amora. Nome científico: Morus nigra.

Erva medicinal eficaz para hipertensão arterial. Uso: tônico. Tomar suco diariamente e chás, com alívio imediato da hipertensão arterial. Colocar na infusão de água fervente e tomar várias vezes ao dia.

ANGÉLICA

ANGÉLICA = Angelica archangelica L.

É uma das plantas mais antigas do cristianismo. Simboliza as três pessoas da Santíssima Trindade, Pai, Filho e Espírito Santo. Era considerada a principal erva para combater a peste. Segundo a lenda, um anjo trouxe ao monge a planta medicinal.

Angélica serve como banho purificador nos rituais sagrados.

Os banhos podem ser tomados diariamente.

Como chá, combate a fraqueza quando se está muito debilitado. Prepara-se na infusão do leite fervido. Serve também como restaurador do apetite.

Uso: tomar o chá em infusão três vezes ao dia.

Excelente anti-inflamatório para: aids, lúpus, coração, leucemia, câncer e diabetes.

ANIS

ANIS: Pimpinella anisum.

Erva sagrada do Orixá Oxum.

Erva aromática, calmante para nervos, consagrada em banhos energéticos do Orixá Oxum.

ARNICA

ARNICA = Arnica chamissonis Less.

Folhas com flores amarelas muito aromáticas, consagrada à Virgem Maria. Age também contra feitiçarias.

Chá de Arnica tomado em infusão diariamente combate machucaduras internas, rasgaduras e inflamações. Eficaz para problemas pulmonares.

Arnica como emplastro pode ser usada em contusões, hematomas, rasgaduras ou rompimentos das partes moles do corpo. O emplastro é feito com as folhas fritas em óleo bem quente e colocadas sobre a lesão.

Arnica em banhos de purificação do corpo tem um poder mágico contra todo o mal movido pelo poder espiritual.

Quando são usadas folhas sagradas no sentido positivo, simboliza a purificação, a renovação e o nascimento.

ARRUDA

Arruda = Ruta graveolens.

Erva medicinal usada nos rituais sagrados.

Como banho purificador, é um excelente relaxante. É ótimo também para lavar feridas, contusões e inchaços.

Arruda pode ser usada para inflamações dos olhos e conjuntivites. Nesse caso, usam-se compressas feitas com arruda na infusão, isto é, ferve a água e despeja sobre as folhas. Deixa-se esfriar e coa-se. Em seguida, com auxílio de um algodão, fazem-se as compressas três vezes ao dia.

AVELOS

Euphorbia Tirucalli.

Erva com muita eficácia contra neoplasia — câncer.

Uso: espremer o leite de um punhado de folhas e diluir na mesma porção de água pura.

Tomar três vezes ao dia.

AVELOS PELADO

Euphorbia Entheurodoxa.

Erva comprovada por dezenas de pessoas que possui propriedade curativa contra o câncer.

Uso: colocar um punhado da erva em um recipiente e adicionar meio litro de água fervente.

Tomar três vezes ao dia.

BABOSA

Sinônimos: aloé, alóe-candelabro, babosa-de-arbusto, erva-babosa, erva de azebra, caraguatá, caraguatá-de-jardim.

Erva babosa — erva Osumaré.

Babosa é uma erva anti-inflamatória para reumatismo, úlceras e rins. É também grande depurativa do sangue.

Babosa para queda de cabelos:

Uma colher de Mel puro

Um vidro pequeno de óleo de amêndoas

Uma gema de ovo

Bater tudo no liquidificador.

Fazer emplastro e massagem no couro cabeludo. Deixar por uma hora e lavar naturalmente os cabelos.

BARBA-DE-BODE

Barba-de-bode. Nome científico: *ARISTIDA PALLENS CAV.*

Nomes populares: barba-de-bode, capim-barba-de-bode, capim-de-bode.

Erva medicinal que ajuda no controle do sistema nervoso. Tônico ou chá para acalmar os nervos: barba-de-bode, pau-tenente, quina-branca, casca-de-álamo, botão-de-ouro, valeriana, manjericão e sálvia.

Uso: coloca-se um punhadinho de cada uma dessas ervas em um recipiente. Adicionar um litro de água fervendo. Deixar na infusão da água até esfriar. Tomar várias vezes ao dia.

BARDANA

Erva medicinal que combate gota, feridas cancerosas, reumatismo, diabetes, gonorreias, lepra, sífilis, úlceras antigas, retrações das artérias e distúrbios renais.

Uso: tomar o chá várias vezes ao dia. Emplastro de folhas fritas em óleo bem quente para tumores, contusões, inchações e superfície inflamada. Sementes esmagadas no álcool para dor ciática. A bardana é um dos purificadores naturais do sangue, uma das mais fortes que se conhece.

Suco de bardana batido no liquidificador é ótimo para o controle do diabetes.

Bater duas folhas de bardana com dois copos de água. Toma-se em jejum e antes de dormir por alguns dias.

BOLDO-DO-CHILE

Boldo-do-chile = Peumus boldus Molina.

Sinônimos: boldo, boldo-verdadeiro.

Boldo-do-chile — Folha de Oxalá. Conhecida como tapete de Oxalá.

Erva medicinal usada nos rituais sagrados em banhos energéticos. Combate úlceras gástricas e nervosas, dores de estômago e distúrbios do fígado.

CALÊNDULA

CALÊNDULA = Calendula officinalis L.

Sinônimos: bem-me-quer, mal-me-quer, bem-me-quer-de-todos-os-meses.

Usada nos banhos dos rituais sagrados do Orixá Oxum.

Bom para: resfriados, infecções bacterianas por vírus, distúrbios estomacais e hepáticos, prisão de ventre, circulação, intestino, garganta, tosse, bronquite, dores de cabeça periódicas.

Calêndula misturada a outras ervas enriquece sua propriedade. Calêndula como tônico do coração: chá três vezes ao dia. Deixar em infusão em água fervente.

CAMOMILA

CAMOMILA = Chamomilla recutita (L.) Rauschert.

Uso: chá para lavar os olhos (inflamações). Compressas com chá de camomila frio, encharcar um algodão e fazer a compressa nos olhos. Deixar cada compressa por cinco minutos e trocar o algodão por três vezes.

Erva medicinal diurética, estimulante para bexiga, edema, cólica renal, tosses crônicas, fígado, soluço, para fluxo menstrual e alivia a dor da micção.

Planta com perfume forte muito eficaz contra inflamações dos ovários, intestinos, fígado, cirrose hepática, prisão de ventre. Usada para dor de barriga dos recém-nascidos, nas mães pós-parto, nos banhos dos recém-nascidos para limpeza da pele e relaxamento do bebê. Como banhos utilizar grande quantidade de camomila. Usar toalha felpuda para encharcar com o banho e ir fazendo compressas no ventre e nas costas. Nas mães pós-parto, encharcar a toalha e fazer puxa-pés para tirar cólicas e dores do corpo e seios, principalmente seios inflamados. Pode adicionar três punhados de sal grosso e um copo de álcool no banho. Após o banho, tomar erva-doce com leite quente.

Camomila para lavar feridas abertas:

Fazer emplastros com folhas fritas em óleo bem quente. Banhos de assento para dores no ventre, bexiga, rins e ovários.

Camomila como chás para insônia, relaxantes musculares e para dores de cabeça.

CARDO-SANTO ou CORDÃO-DE-FRADE

CARDO-SANTO = Cnicus benedictus L.

Sinônimo: cardo-bento.

É uma planta espinhosa e símbolo da fadiga e das dores. Na era Cristã simbolizava o sofrimento de Cristo, sendo ao mesmo tempo símbolo da redenção e símbolo da longevidade, pois mantém a mesma forma mesmo depois de seco.

Cardo-santo (cordão-de-frade, cordão-de-são-francisco).

Tomar como chá. É depurativo do sangue e serve para inflamações do organismo. Evita o processo da doença.

Cardo-santo é usado para se limpar feridas como banhos medicinais. É também cicatrizante de feridas e queimaduras. Também usado para úlcera varicosa.

Cardo-santo ou cordão-de-frade é específica para problemas cardíacos, coronárias, angina e carótidas entupidas.

Tomar como chá em infusão, várias vezes ao dia.

CIDREIRA

CIDREIRA = Hedyosmum brasiliense Martius.

Erva-cidreira Ibeji e Oxum.

Erva medicinal de uso como relaxante muscular, insônia, coração, pressão alta (hipertensão).

Uso: chás em infusão, várias vezes ao dia.

CENTAURA

Centaura: Centaurium erythraea Rafn.

Sinônimos: centáurea-menor, petite-centaurée, erythrée.

Família: Gentianaceae. Nomes populares: fel-da-terra, erva-de-centaura--menor (folha de Oya). É anti-inflamatória para esôfago, fígado, estômago.

Preparar o sumo dessa planta em um copo de água fria.

Tomar três vezes ao dia.

DENTE-DE-LEÃO

DENTE-DE-LEÃO = *Taraxacum officinale Weber.*

Uso medicinal para distúrbios renais, pedras e cálculos, hemorragia menstrual, diabetes e edema.

Uso: tomar chás, várias vezes ao dia.

Dente-de-leão também é laxativo.

DUTRA

Mikania Martusiana.

Erva de Òsóòsi. Fazer o sumo dessa planta em água fria e tomar três vezes ao dia para problemas internos, angina, diarreias rebeldes, hemoptise, rouquidão e vômitos.

ERVA-DE-SANTA-MARIA

ERVA-DE-SANTA-MARIA = Chenopodium ambrosioides L.

Sinônimos: matruço, menstruz, canudo, erva-santa, mastruz, mata-cobra, anserina-vermes, erva-mata-pulgas, erva-das-cobras, erva-formigueira, erva-vomiquiera, erva-das-lombrigas, mentruz.

Uso medicinal: vermífugo. Tomar suco uma só vez na lua minguante do mês de maio.

Simpatia para crianças para derrubar vermes. Apanhar um punhado de folhas, socar e espremer num pano, tirar uma colher de suco. Dar de uma só vez uma colher de sopa em jejum. Essa simpatia deve ser feita na primeira minguante do mês de maio.

ESPINHEIRA-SANTA

ESPINHEIRA-SANTA = Maytenus ilicifolia Mart. Ex Reissek.

Sinônimos: cancerosa, cancorosa, cancorosa-de-sete-espinhos, cancrosa, cangorça, coromilho-do-campo, erva-cancerosa, espinho-de-deus, espinheira-divina, limãozinho, maiteno, marteno, pau-josé, salva-vidas, sombra-de-touro, congorosa.

Também conhecida como cáscara-sagrada.

Uso medicinal que combate inflamações, infecções sanguíneas, diabetes, coronárias, rins, bexiga, inflamações das vísceras, úlceras, catarro, pulmão, qualquer hemorragia interna e para todas as inflamações do corpo humano.

Uso: chás em infusão várias vezes ao dia. Sucos que servem como tônicos. Bater em liquidificador em água fria.

ESPINHO-DE-CARNEIRO

ESPINHO-DE-CIGANO = Acanthospermum hispidum DC.

Sinônimos: amor-denegro, cabeça-de-boi, carrapicho-de-carneiro, carrapicho-rasteiro, comboeiro, espinho-de-carneiro, espinho-de-retirante, federação, pica-de-minas, picão, retirante, torito, bristly-starbur ou goat's-head.

Erva medicinal que combate infecções renais, diabetes, bexiga, úlceras e inflamação do estômago.

Uso: chás em infusão, várias vezes ao dia. Cataplasmas para feridas cancerosas.

FEDEGOSO

FEDEGOSO = Cassia occidentalis L.

Sinônimos: *balambala, cafénegro, folha-do-pajé, fedegoso-verdadeiro, ibixuma, lava-prato, mangerioba, mamangá, mata-pasto, maioba, pajamarioba, pereriaba, taracuru, coffee-senna, casse-puante.*

Ótimo para o fígado.

Erva sagrada para os banhos energéticos do Orisá Osun.

EUCALIPTO

Eucalipto: Eucalyptus Globulus.

Excelente erva indicada para problemas pulmonares.

Uso: infusão de eucalipto no quarto (para inalação).

FLOR-DA-NOITE

Flor-da-noite = *Cestrum nocturnum*.

Nome popular: dama-da-noite, flor-da-noite, jasmim-da-noite, rainha-da--noite, coirana, coerana, jasmim-verde.

Uso medicinal: especialmente para a menopausa.

Uso: chás em infusão várias vezes ao dia.

GENGIBRE

GENGIBRE = *Zingiber officinale Roscol.*

Sinônimos: gengivre, gingibre, magarataia, mangaratá, mangarataia, mangaratiá, jengibre, gingembre, ginger.

Erva medicinal que combate gripes, resfriados, infecções por vírus, bronquite crônica e gota.

Usos: tomar chás em infusão quentes quando estiver gripado ou com bronquite, somente à noite.

Gengibre pode ser tomado como suco aos poucos. Essa planta tem sabor picante; quando ingerido como suco, deve-se tomar aos poucos. É de grande eficácia para combater os problemas de garganta, principalmente para as pessoas que usam muito a voz.

Gengibre é indicado para os artistas, para deixar a voz clara e sem rouquidão. Pode ser usado para mascar a raiz e melhorar o tom da voz (pedacinhos pequenos).

GINCOBILOBA

GINKGO-BILOBA = Ginkgo biloba L.

Sinônimos: ginkgo-biloba, ginkgoácea, nogueira-do-japão, ginkgo e ginkyio.

Erva medicinal de grande eficácia para o tratamento de traumatismo craniano, labirinto e epilepsia. Age na prevenção do derrame cerebral, enfarto e hipertensão.

Uso: tanto pode-se tomar sucos, ervas batidas no liquidificador em água fria como chás em infusão de ervas várias vezes ao dia.

GINSENG

GINSENG = Panax ginseng C. A. Mey.

Sinônimos: panaceia, cinco-folhas, ginseng, ginseng-asiático, ginseng-coreano, ginseng-chinês, ginseng-japonês, ginsen g.

Erva medicinal de origem oriental considerada de grande virtude milagrosa, eficaz na maioria das doenças. Foi considerada pelos gregos a maravilha do mundo. Ginseng combate todas as infecções pulmonares (tosse, bronquite, rouquidão), distúrbios renais, insônia, fadiga, úlceras gástricas, estresse e distúrbios nervosos.

Uso: tomar chá em infusão várias vezes ao dia.

HORTELÃ

HORTELÃ = *Mentha sp.*

Sinônimos: mentha-piperita, mentha-arvensis, mentharotundifolia, mentha-spicata, hortelã-pimenta, erva-boa, hortelã-cheirosa, hortelã-chinesa, hortelã--comum, hortelã-cultivada, hortelã-da-horta, hortelã-de-cavalo, hortelã-de-folha, hortelã-de-folha-miúda, hortelã-de-panela, hortelã-rasteira, mentrasto, poejo.

Erva fortemente aromática e etérea. Já na antiguidade, como remédio, era atribuída à Virgem Maria em virtude de suas propriedades curativas.

Hortelã, erva medicinal que combate palpitação do coração, resfriados, enxaquecas, diarreias e cólera.

Uso: chás várias vezes ao dia.,

IRÔKO

Iròkó = Chlorophora excelsa.

Árvore africana, também conhecida como **Rôco** ou **Irôko**, é um Orixá cultuado no Candomblé do Brasil pela nação Ketu e, como Loko, pela nação Jeje. Corresponderia ao Nkisi Tempo na Angola/Congo.

No Brasil, Iroko habita principalmente a gameleira-branca, cujo nome científico é **Ficus religiosa.** Na África, sua morada é a árvore iroko, nome científico **Chlorophora excelsa.**

Figueira venerada dentro do culto africano (Irôko) como a árvore da vida, símbolo da fertilidade e da abundância. Entre os variados contos existentes a respeito de Irôko, um relata que na antiguidade tinha um significado simbólico erótico; uma figueira invertida cresce no céu, símbolo do mundo. A Árvore Bodhi é a figueira sob a qual Buda recebeu a iluminação.

Uso externo: fazer cataplasmas para úlceras varicosas, erisipelas, feridas cancerosas, abscessos, inchações.

JAMBOLÃO

JAMBOLÃO = Syzygium jambolanum (L.) Skeels.

Sinônimos: jamelão, azeitona, jalão, jambeiro, jambuí, oliva, oliveira, jambolana-fruit, jambolum, jamelongue, jambul, jambolanapflaume.

Erva de Nanã.

Erva medicinal de grande eficácia para diabetes, disenterias, hemorragia, leucorreia.

Uso: chás em infusão várias vezes ao dia.

JAMBU

JAMBU = Spilanthes oleracea L.

Sinônimos: abecedária, agrião-bravo, agrião-do-brasil, agrião-do-norte, agrião-do-pará, botão-de-ouro, erva-maluca, jabuaçu, jaburama, jambu-açu, jamaburana, mastruço, nhambu.

Erva de Ossaim.

Erva medicinal que combate problemas de inflamação de esôfago e estômago.

Deixar em infusão, tomar três vezes ao dia.

JURUBEBA

JURUBEBA = *Solanum asperolanatum Ruiz & Pav.*

Sinônimo: jupeba.

Erva medicinal que combate úlceras estomacais, purificadora do fígado e intestino. Jurubeba é um remédio medicinal de grande eficácia como depurativo do sangue. Uso: chás diariamente.

LARANJINHA-DO-MATO

LARANJINHA-DO-MATO = *Xanthoxylum tingoassuiba SaintHilaire.*

Sinônimos: tinguaciba, tinguaciuba, laranjeira-brava.

Combate tosse, coqueluche, pneumonia, sarampo, resfriados, insônia, e é relaxante muscular.

Uso: fazer xarope com um punhado de açúcar, de cravo, de canela, de noz-moscada, de agrião e de folhas de hortelã.

LIMÃO

LIMÃO-SICILIANO = Citrus limon (L.) Burm. F.

Sinônimos: limoeiro, limãoeureka, limão-feminello, limão-monochelo, limão-lisboa, limão-verde.

Folhas e frutos medicinais para várias doenças: inflamações, infecções no sangue, coração, labirinto, pulmões, lúpus, tuberculose, estômago, rins, bexiga, câncer, aids, purificador do sangue etc.

Uso: chá das folhas três vezes ao dia.

LOBÉLIA

TAIUIÁ = Lobélia inflata L.

Erva medicinal diurética e também um excelente expectorante.

Uso: tomar chá em infusão diariamente.

LOURO

LOURO = Laurus nobilis L.
Erva medicinal muito usada nos rituais sagrados, em banhos energéticos.
Obs.: erva aromática para temperos, combate problemas estomacais.

MALVA

Sinônimos: malva-sylvestris, malva-vulgaris, malva-hirsuta. Excelente para infecções de garganta.
Uso: chás para adultos várias vezes ao dia.

MANJERICÃO

MANJERICÃO = Ocimum basilicum L.

Sinônimos: alfavaca, alfavaca-doce, manjericão-doce, remédio-de-vaqueiro, segurelha, alfavaca-d'américa, erva-real, basílico-grande, manjericão-de-folha-larga, alfavaca-cheirosa.

Erva medicinal que combate asma, bronquite, coqueluche, pneumonia, insônia, labirinto, vômitos, diarreias e um excelente relaxante muscular.

Uso: chás em infusão, várias vezes ao dia.

Usada para banhos sagrados dos Orixás Oxum e Oxalá.

Para menopausa, cozinhar com leite e tomar quente antes de deitar-se.

MANJERONA

MANJERONA = Origanum majorana.

Manjericão, manjerona, nogueira, pau-andrade, pau-tenente, ipê-roxo, malva, cordão-de-frade, rubi, espinho-de-carneiro, artemísia, flor-de-laranjeira, limão.

Uso de chás várias vezes ao dia.

MARACUJÁ

MARACUJÁ = Passiflora incarnata L.

Sinônimos: flor-da-paixão, maracujá, maracujá-guaçu, maracujá-silvestre.

Folhas e frutos são relaxante muscular, causando um sono tranquilo.

Por conta disso, é excelente para o coração, pressão arterial alta.

Uso: (folhas e frutos) chás em infusão e sucos diariamente.

MOURA

Erva-moura.

Fazer banhos com erva-moura cozidos para lavar tumores, furúnculos, queimaduras, coceiras, feridas e úlceras varicosas.

NOGUEIRA

NOGUEIRA = Juglans regia L.

Sinônimos: nogueira, noz, noz-caucasiana, noz-comum, noz-europeia, nogueira-de-iguape, nogueira-do-litoral.

Erva medicinal excelente depurativa do sangue.

Uso: chás em infusão de cascas e folhas, várias vezes ao dia.

ORTIGÃO (Cansanção)

ORTIGÃO = Urera caracasana (Jacq.) Gaudich. ex Griseb. Urtica verrucosa Liebm. Sinônimos: **cansanção**-verdadeiro, cansação-de-folha-grande.

Propriedades medicinais: tônica, eupéptica.

Erva usada nos rituais sagrados de Exu.

Erva medicinal de grande eficácia para o combate de feridas cancerosas, luxações e inchações.

Uso: banhos externos e cataplasmas.

PICO-PICO

Erva usada para banhos medicinais.

PULMONÁRIA

PULMONÁRIA = *Pulmonaria officinalis L.*
Sinônimo: penicilina.

Erva medicinal expectorante que combate pneumonia, bronquite, tosse, hemorragias de pulmões e várias perturbações dos brônquios. Erva muito usada para banhos de assento, dor nos ovários, bexiga e rins.

Uso: chás, várias vezes ao dia e banhos no caso de problemas de rim, ovários e bexiga.

QUINA-BRANCA

Quina-branca = Coutarea hexandra.

Erva medicinal que combate o estresse, problemas estomacais, renais, purificador do sangue e para dores de cabeça.

Uso: chás, diariamente, várias vezes ao dia.

ROMÃ

ROMÃ = Punica granatum L.

Erva medicinal usada nos rituais sagrados ao Orixá Oxum, simboliza a fecundidade, razão pela qual era consagrada na Grécia a Demeter, a Afrodite e a Hera. Na Índia, o suco de romã era considerado remédio contra a esterilidade. A romã simboliza também a vida, a renovação, a fidelidade e a beleza. Finalmente, a romã abriga em seu interior um suco doce e também foi interpretada muitas vezes como símbolo do perfeito cristão, sobretudo do sacerdote.

Como uso medicinal combate problemas pulmonares e tem grande eficácia como depurativo do sangue.

Chás várias vezes ao dia.

RUIBARBO

Sinônimos: rui-de-barbo-branco, purga-do-sertão.

Propriedades medicinais: depurativa, laxante drástico.

Chás em infusão uma vez ao dia.

SALSAPARRILHA

Salsaparrilha. Sinônimo: arrebenta-cavalo.

Erva medicinal que combate reumatismo, gota, inflamações internas, problemas pulmonares, catarro e febre.

Uso: chás em infusão, várias vezes ao dia.

SÁLVIA (ou Salva)

SÁLVIA = Salvia.

Sinônimos: salva, salvadas-boticas, salva-dos-jardins, salva-ordinária, salveta, erva-santa.

Sálvia é uma excelente erva medicinal que combate dores de cabeça, enxaqueca, problemas pulmonares, rins, cálculos, labirinto, infecções sanguíneas, inflamações em vários sentidos.

Segundo espíritos de Pretos Velhos, quando se decide mudar de endereço, a primeira coisa a fazer é levar uma muda de sálvia. Traz boa sorte.

Erva medicinal de grande eficácia. É uma bebida boa para se tomar em lugar de chá comum.

Uso: chás em infusão, várias vezes ao dia.

SEMENTE DE MOSTARDA

MOSTARDA BRANCA = Sinapis alba L.

Oftálmico (cataratas, sujeira no olho, alergia).

Cozinhar as sementes. Deixar esfriar totalmente e coar.

Fazer compressas com algodão encharcado no chá. Trocar as compressas de cinco em cinco minutos, várias vezes (trocando o algodão).

SENSITIVA (ou erva-viva)

Sinônimo: erva-viva.

Erva do Orixá Exu.

Erva medicinal que combate congestão de fígado, nefrite, hepatite, leucorreia, blenorragia, icterícia, artrite, cistite e anúrias.

Banhos de assento para cistite.

Uso: banhos de assento várias vezes ao dia.

TAMARINDO

TAMARINDO = *Tamarindus indica* L.

Erva medicinal de grande eficácia contra lúpus, câncer, tuberculose, anemias, leucemia e doenças contagiosas.

Uso: chás em infusão várias vezes ao dia.

UNHA-DE-GATO (ou NHÁ-PINDA)

Unha-de-gato.

Erva medicinal de grande eficácia para tosse, bronquite, rouquidão, pneumonia, tuberculose e todos os problemas pulmonares. Uso: xarope feito com açúcar, cravo, canela, noz-moscada, mentruz e agrião.

Uso: chás em infusão diariamente várias vezes ao dia.

VERBASCO

Verbasco.

Sinônimos: barbasco, barbasco-do-brasil, barrasco, calça-de-velho, calças--de-velha, calção-de-velha, calção-de-velho, calção-velho, carro-santo, cezarinha, tingui-da-praia, vassoura, vassourinha, verbasco-brasileiro, verbasco-do-brasil.

Erva medicinal para problemas de gripe, bronquite, afecções pulmonares, inchação das articulações, hemorragia dos pulmões, catarro, tosses e resfriados.

Uso: chás em infusão diariamente, várias vezes.

ZIMBRO

ZIMBRO = *Juniperus communis L.*

Sinônimos: *fruto-de-jenebra, junípero, junipo.*

Erva de grande eficácia medicinal para problemas estomacais, diurético, distúrbios renais e da bexiga.

Uso: chás em infusão, várias vezes ao dia.

A cura através das ervas

Alcoolismo

Como combater o vício da bebida.

Ingredientes para o preparo:

Sete folhas de couve sem talos e 1 litro de leite de cabra batidos no liquidificador. Tomar em jejum, e vai tomando no restante do dia até acabar.

Tomar Angélica, folhas de limão, ipê-roxo, angico, quina, agrião após o mesmo processo das folhas de couve. Escolhe três ervas e faz a mistura, essa junção enriquece a propriedade das folhas. Tomar três vezes ao dia.

Amarelão

Certificar se o problema de amarelão é do fígado, sangue ou vermes.

Pico-pico, marcela, boldo, alfavaca.

Uso: misturar várias dessas ervas na infusão da água fervendo e tomar várias vezes ao dia.

Amidalite, inflamação de garganta, laringe

Tomar: chás feitos com um litro de leite; malva; folhas de mimosa; pedaços de gengibre. Ferve tudo e toma em temperatura morna. Repetir por dois ou três dias para terminar toda a infecção.

Amidalite em crianças

Eucalipto = Eucalyptus globulus.

Infusão de eucalipto no quarto (para inalação). Cozinha-se o eucalipto em bastante água, deixa exalar seu perfume em todo o ambiente desejado.

Cozinha no leite folhas de hortelã, malva e mimosa. Tomar morno.

Asma, bronquite crônica, pneumonia (adultos e crianças)

1. *Fazer banho de ervas cozidas: arruda, erva-doce (folhas) e hortelã. Depois de cozidas, colocar o banho em uma banheira já na temperatura para banho. Adicionar um copo de álcool. Dar esse banho quente no corpo todo.*
2. *Em uma panela adicione: um pouco de azeite de dendê, arruda sem talos, erva-doce sem talos e hortelã sem talos. Dê uma ligeira fritada. Retire do fogo, acrescente uma colher de álcool. Esfregue bem as costas e o peito com esse preparado, até aquecer bem os pulmões. Esfregar também as pernas para tirar toda a friagem do corpo.*
3. *Após essa esfregação ter terminado, colocar um pouquinho de farinha de trigo no peito e costas como se fosse talco, para soltar todo catarro dos pulmões.*
4. *Colocar roupas de algodão bem aquecidas.*
5. *Para um resultado ainda melhor, deixar no quarto uma panela de infusão de eucalipto, como já ensinamos nas páginas anteriores. Isso serve para umedecer o ar e purificar os pulmões (vapor de infusão no ambiente).*
6. *Colocar sete brasas vivas (carvão) em uma panela.*
7. *Juntar de uma vez só as brasas vivas, um punhadinho de semente de erva-doce, uma colher de açúcar, uma colher de chá de cravo-da-índia, cinco ramos de canela e casca de uma laranja seca.*
8. *Após jogar todo esse conteúdo nas brasas vivas, mexer rapidamente para dar uma torrada nos ingredientes.*
9. *Em seguida, coloca-se ½ litro de leite fervendo junto das ervas já torradas e misturadas com as brasas vivas.*

Coar e tomar bem quente, já envolvido nas cobertas. Os antigos chamavam esse remédio de queimada. Muito bom para soltar para fora tudo que está incubado. Esse preparado requer cuidados especiais. Não tomar nada gelado, não se expor a chuva nem a frio. Ficar de repouso por um dia.

Anemia

Bater no liquidificador três folhas de couve sem talos com um copo grande de leite de cabra. Tomar em jejum. As folhas de couve são ricas em ferro.

Anemias mais profundas

Um maço de agrião ou sete folhas de couve, batido no liquidificador com um litro de leite de cabra. O leite de cabra contém todas as vitaminas e proteínas para fortificar os glóbulos vermelhos do sangue.

Se a anemia for muito intensa, fazer gemada:
- 1 gema de ovo de pata
- 1 colher de melado de cana
- 1 litro de leite de cabra
- folhas de manjericão

Bater a gema com o melado de cana até dar uma boa consistência. Após, ferver o manjericão no leite e adicionar na gemada. Tomar quente.

Artrite

Cascara-sagrada, ipê-roxo, pico-pico, salsaparrilha, folhas de limão, malva, erva-de-bugre, cordão-de-frade, manjerona, camomila e carqueja.

Uso: chás dessas ervas misturadas em infusão. Tomar várias vezes ao dia.

Baço

Uso: tomar chás várias vezes ao dia. Artemísia, espinheira-santa, espinho-de--carneiro, rubi, malva-verbrasco, botão-de ouro. Bílis: camomila, espinheira-santa, confrei, boldo, gervão, botão-de-ouro, jurubeba, malva, pico-pico.

Uso: misturar várias dessas ervas na infusão da água fervendo e tomar várias vezes ao dia.

Bexiga

Para pedras no rim, tomar todos os dias chá das folhas de quebra-pedra, abacate, salsaparrilha, avenca, pata-de-vaca, pico-pico, chapéu-de-couro, amoreira, cabelo-de-milho. Fazer banhos quentes de pico-pico (a mistura das ervas enriquece a propriedade delas).

Boca: infecções em geral

Fazer bochechos com infusão de camomila, malva, pico-pico.

Calmantes

Fazer chá de melissa, colônia, erva-cidreira, alecrim, manjericão, hortelã, anis, maracujá, sálvia, manjerona.

Uso: chás, várias vezes ao dia.

Cistite

Tomar chá de manjericão, mil-homem, cidreira, amoreira, quebra-pedra, cabelo-de-milho, chapéu-de-couro, raiz de salsa. Mistura um punhadinho de cada erva em um recipiente, adiciona água fervente, deixa esfriar e vai tomando ao longo do dia.

Fazer banhos com pico-pico, arruda, camomila.

Cicatrizantes

Fazer banhos com carqueja, malva, confrei, espinheira-santa, angico, nogueira, salsaparrilha, caroba-do-campo, mil-homem, limão-quina, espinho-de-carneiro e gervão-nhá-pindá. Todas essas ervas são excelentes cicatrizantes.

Para feridas abertas

Lavar feridas abertas (cicatrizar)

Cozinhar em bastante água as seguintes folhas: folhas de pico-pico, raiz ortigão, arruda, guiné. Depois de cozidas, adicionar álcool e sal grosso. Coar e colocar o banho em uma bacia própria para lavar o local inflamado. Esfregar bastante sabão de coco na água e banhar toda a ferida.

Após o banho, fazer uma mistura de:

- 2 colheres de orvalhada
- ½ colher de enxofre
- azeite de oliva

Fazer a mistura até obter uma pomada. Depois de muito limpo o local da ferida, colocar a pomada em compressas de gaze e deixar sobre as feridas. Fazer vários banhos ao longo do dia até sentir a cura. Retirar as compressas na água do banho e renová-las.

Conjuntivite

Compressas de algodão com chá de arruda, semente de mostarda, avenca, camomila, leite coalhado, transagem, água com sal. Misture essas ervas em um recipiente, adicione água fervente, deixe esfriar e faça as compressas.

Cólicas

Agoniada, absinto, abutua, pechelim, noz-moscada, artemísia, guaraná, manjerona, mil-homem, anis.
Uso: chás em infusão, várias vezes ao dia.

Cãimbra

Angélica, limão, ipê-roxo, cipó-de-macaco, capuchina, chaga-de-cristo.
Uso: chás várias vezes ao dia.

Todas as ervas medicinais citadas são excelentes anti-inflamatórias para coração, insuficiência renal, sífilis, tuberculose, aids, lúpus, câncer, diabetes, leucemia, reumatismo, lepra, gonorreia, gota e feridas cancerosas.

Caxumba

Fazer emplastros com folha de copo-de-leite embebido no leite fervendo.
Tomar chá de espinheira-santa, confrei, botão-de-ouro, salsaparrilha, mil-homem.

Convulsões

Folhas de mil-homem, semente de mostarda, marcela, confrei, lobélia, artemísia, cordão-de-frade, cipó-de-macaco, açoita-cavalo, agoniada, ipê-roxo, quina, bico-de-papagaio.
Uso: chás em infusão várias vezes ao dia.

Coqueluche, tosse, rouquidão

- 1 litro de leite
- 1 maço de agrião

- 2 colheres de mel

- ½ colherinha de manteiga

Cozinhar o agrião no leite, adoçar com mel e colocar uma pontinha de colher de manteiga. Tomar aos poucos. Se necessário, repetir o chá medicinal.

Chás: manjericão, hortelã, sálvia, manjerona, folha de mimosa, limão, gengibre, alho.

Uso: misturar várias dessas ervas na infusão da água fervendo e tomar várias vezes ao dia.

Coração

Folhas de cordão-de-frade, rubi, alfazema, alecrim, colônia, beladona, ponto-alívio, folha-da-noite e crista-de-galo.

Uso: chás diversas vezes ao dia.

Cabelos (caspa e queda)

- 1 colher de mel puro

- 3 gomos de babosa

- 1 vidro pequeno de óleo de amêndoas

- 1 limão

- 3 colheres de álcool

Bater no liquidificador e fazer emplastro por uma hora; após isso, lavar a cabeça.

Detergentes

Ervas que limpam feridas e a pele com problemas (uso externo).

Raiz de urtigão, pico-pico, arruda, guiné, alecrim, folha de cedro, cravo-de-defunto, casca peroba, caroba, rubi, hortelã, erva-de-bicho e folha de fumo.

Misturam-se pelo menos três qualidades de folhas para se obter mais êxito.

Cozinhar as ervas, e então lavar as partes afetadas.

Difteria

Folhas de cabelo-de-milho seco, absinto, verbrasco, açoita-cavalo, espinheira-santa, caroba, casca de anta, guaraná e consolda.

Uso: chás várias vezes ao dia.

Dispepsia (dificuldade na digestão)

Folhas de boldo-do-chile preparado como suco, essência em água fria.

Uso: tomar suco. Bate as folhas com um pouco de água no liquidificador, coa e toma. Se os sintomas persistirem, procure um médico.

Outras ervas indicadas para dispepsia: confrei ou consolda, absinto ou artemísia, mil-homem, manjerona, espinho-de-carneiro, rubi, sete-sangrias, malva, ipê-roxo, sálvia, manjerona e camomila.

Uso: chás em infusão várias vezes ao dia.

Distúrbios femininos

Folhas de melissa, confrei, abutua, cravo, folha de mimosa, agoniada, nogueira, sálvia.

Uso: chás em infusão várias vezes ao dia.

Distúrbios uterinos

Folhas de espinheira-santa, camomila, erva-doce, funcho, pico-pico, agoniada, folha de penicilina, cânfora e manjericão.

Uso: chás em infusão várias vezes ao dia.

Diurético

Folhas de cabelo-de-milho seco, raiz de salsa, angélica, folha de abacate, amoreira, avenca, pata-de-vaca, carqueja, pico-pico, pariparoba, jatobá, alfazema, erva-tostão, jurubeba, salsaparrilha e maracujá, cordão-de-frade.

Uso: escolha três ou mais folhas e faça chás em infusão várias vezes ao dia. A mistura de ervas enriquece sua propriedade.

Dor de cabeça

Folhas de marcela-do-campo, quina, hortelã, melissa, alfazema, boldo-do--chile, colônia, cânfora, erva-cidreira, salsaparrilha, sálvia, carobinha, guaraná, folhas de limão e velame-do-campo. Uso: misturar várias dessas ervas na infusão de água fervendo e tomar várias vezes ao dia.

Dor de dente

Fazer bochechos com: arruda, gengibre, raiz de malva, sal e cachaça. Cozinhar todas essas ervas e fazer vários bochechos bem quentes.

Dor de ouvido

Fazer emplastros com: arruda, camomila, alecrim e erva-doce. Fritar no óleo todas essas ervas e colocar o emplastro na região abaixo da orelha, por fora do ouvido. Embeber um algodão nesse óleo, espremer todo o excesso e colocar no ouvido.

Eczemas

Chá de camomila, nogueira, espinheira-santa, mil-homem, pau-andrade, pau-tenente, ipê-roxo, casca de nogueira, absinto, salsaparrilha.

Lavar as partes infectadas com: pico-pico, casca ortigão, erva-de-bicho, erva-tostão, malva e sabão de coco. Cozinhar com raiz e lavar bem.

Fazer pomada: orvalhada e azeite de oliva. Lavar três vezes ao dia e colocar a pomada. Tomar as misturas das folhas medicinais três vezes ao dia.

Enjoos

Folhas de camomila, boldo-do-chile, marcela, losna, louro, espinheira-santa, ponto-alívio, mil-homem, transagem e consola-maior.

Uso: chás em infusão, várias vezes ao dia.

Enxaquecas

Folhas de marcela, funcho, levante, melissa, colônia, erva-cidreira, manjericão, alecrim, quina, ponto-alívio, angélica.

Uso: chás em infusão, várias vezes ao dia.

Epilepsia

Folhas de arnica, absinto, marcela, semente de mostarda, angélica, flor-da-noite, bico-de-papagaio, cordão-de-frade, carqueja, limão, laranja, erva-cidreira, mil-homem, melissa, erva-de-santa-luzia, hortelã, levante e rubi-nhá-pendá.

Uso: misturar várias dessas ervas, na infusão da água fervendo e tomar várias vezes ao dia.

Erisipela

Para lavar: arruda, espinho-de-carneiro, hortelã, cedro, raiz de urtigão, pico-pico, arnica, guine, penicilina, erva-são-joão, vassourinha-do-campo, ipê-roxo e angico. Cozinhe essas ervas e faça um banho nos locais afetados.

Para tomar: casca de nogueira, casca de ipê-roxo, quina, salsaparrilha, absinto, cordão-de-frade, mil-homem, espinheira santa, jatobá, guanxuma, erva-moura e erva-passarinho.

Estômago

Muitas folhas de boldo bem lavadas e batidas no liquidificador. Coar e tomar de uma só vez.

Transagem, camomila, angélica, erva-cidreira, cordão-de-frade, casca-de-anta, funcho, manjerona, anis.

Uso: misturar várias dessas ervas, na infusão da água fervendo e tomar várias vezes ao dia. Excelente para o estômago.

Expectorantes

- ½ kg de açúcar
- 1 litro de leite
- guaco
- erva-doce ou funcho
- cravo
- manjericão
- folha de mimosa
- levante ou hortelã

- 1 pedacinho de gengibre

Fazer um xarope, tomar aos poucos.

Modo de fazer o xarope. Em uma panela derreta o açúcar até caramelizar, junte o leite e os outros ingredientes. Deixe ferver por dez minutos, armazene em um recipiente bem limpo, tome aos poucos.

Febre

Dentes de alho, cabelo-de-milho, alfavaca, caroba, carqueja, malva, verbrasco, sabugueiro, consolida-maior. Uso: chás várias vezes ao dia.

Ervas calmantes para febre: cavalinha, tamarindo, caferana, camomila, romã, fedegoso, guaco. Fazer a composição com três qualidades dessas ervas, deixar em infusão e tomar várias vezes ao dia.

Feridas

Feridas, úlceras varicosas, erisipela, eczema, fungos, micose.

Colocar para cozinhar: guiné, arruda, malva, pico-pico, sal grosso.

Após, lavar as partes afetadas três vezes ao dia.

Fazer pomada cicatrizante para passar após desinfetado:

- 2 colheres de orvalhada (óxido de zinco)
- ½ colher de enxofre
- óleo de rícino, até formar pomada.

Outra receita para feridas antigas

Lavar o ferimento com as seguintes ervas cozidas em bastante água: cipó-imbé, fedegoso, babosa, saião e sal grosso. Em seguida passar a mesma pomada sugerida no item anterior e que segue novamente. Esse tratamento é ideal para micose, erisipelas, fungos, eczemas.

Pomada: 2 colheres de orvalhada, ½ colher de enxofre, 1 vidro de óleo de amêndoas. Após bem limpo com as devidas ervas, passar a pomada três vezes ao dia.

Fígado, estômago e dispepsia

Folhas de boldo com folhas e talos bem limpos e meio litro de água. Bater no liquidificador e coar. Tomar de uma só vez.

Flebites

Folhas de banana-imbé.
Colocar sobre as feridas o líquido das folhas de banana-imbé.

Em seguida, lavar com a mistura de urtigão, pico-pico, hortelã, arruda, guiné, alecrim, erva-de-penicilina, camomila, arranha-gato e erva-de-bicho cozidas em bastante água.

Tomar casca de nogueira, salsaparrilha, arranha-gato ou nhá-pindá, consolida-maior, verbrasco, espinheira-santa, malva e espinho-de-carneiro.

Banho de ervas indicados para flebite. Cozinhe pelo menos três qualidades das ervas citadas anteriormente e faça o banho.

Fazer pomada para colocar após ter lavado as feridas.

Pomada: três colheres de orvalhada e azeite de oliva até dar consistência.

Fraquezas (anemias)

Primeiro passo:

- um punhado de casca de nogueira
- um punhado de folha de espinheira-santa
- um punhado de folha de camomila
- um punhado de semente de erva-doce
- três ovos de pata bem frescos
- três colheres de mel de cana
- um litro vinho branco (puro)
- um punhado de cravo, canela e noz-moscada.

Bater os três ovos com casca e tudo, o mel de cana e o vinho no liquidificador. Colocar num litro bem escaldado e juntar o restante dos ingredientes, incluindo o vinho. Tampar bem com uma rolha e enterrar por nove dias na terra, bem profundo.

Após nove dias, desenterrar e tomar três vezes ao dia. Conservar em geladeira e tomar em nove dias.

Obs.: se tiver diabetes, não usar mel de cana.

Segundo passo:

Tomar caldo de carne de pombo. Um pombo por vez e que seja de boa procedência.

Preparar:
- um pombo bem limpo (inteiro)
- azeite de oliva
- um punhado de manjericão
- sálvia
- hortelã
- cheiro-verde
- cebola, sal e gengibre (o mínimo)
- farinha de milho amarela

Refoga-se o pombo em gotas de azeite de oliva. Vai pingando água até começar a dourar. Mistura a cebola e os demais ingredientes e deixa cozinhar por uma hora e meia na panela de pressão. Deixe o caldo bem concentrado e junte três colheres de farinha de milho.

O caldo do pombo é mágico para anemias e fraquezas em geral.

Deve-se tomar vários caldos para a recuperação total.

Terceiro passo:

Bater no liquidificador sete folhas de couve sem talos com um litro de leite de cabra.

Tomar às sete horas e às dez horas da manhã, a metade cada vez.

Frieiras

Lavar com bardana, urtigão, pico-pico, carrapicho-de-carneiro, carqueja, arruda, guiné, alecrim, erva-de-bicho.

Tomar chá de quina, casca de nogueira, salsaparrilha, arranha-gato, consolda-maior e pico-pico.

Furúnculos

Para amadurecê-los: folhas de copo-de-leite e uma xícara de leite.

Ferve o leite com as folhas e coloca bem direto no furúnculo.

Outra receita caseira para furúnculos:

- folhas de fumo ou o bagaço do fumo de corda (bastante). Deixar de molho no álcool, colocar uma colher de mel de abelha e deixar sobre o furúnculo até o dia seguinte.

Gengivas (inflamação)

Fazer gargarejos de aroeira, arnica, malva, camomila, folhas da fortuna e pico-pico.

Ferver todas essas ervas, deixar esfriar um pouco e fazer gargarejo três vezes ao dia.

Gases presos

Banhos quentes da cintura para baixo. Usar folhas de eucalipto, folhas de laranja e folhas de camomila.

Tomar em seguida chá de sementes de erva-doce (funcho) em infusão.

Uso: chás várias vezes ao dia.

Gonorreias ou blenorragias

Colocar em um litro de vinho branco um punhado de: casca de nogueira, espinheira-santa, casca de ipê-roxo, quina-branca, pau-tenente, jurubeba, arranha-gato (nhá-pindá). Tampar bem com rolha nova e enterrar por nove dias.

Tomar três vezes ao dia e conservar na geladeira.

Fazer banhos quentes de erva-de-bicho, pico-pico, camomila, erva-doce, arruda e guiné.

Gota

Folhas de angélica, camomila, arnica, arranha-gato (nhá-pindá), verbrasco, mil-homem, cordão-de-frade, malva, salsaparrilha, nogueira, carqueja, alfavaca, erva-de-passarinho.

Uso: chás várias vezes ao dia.

Gripe

Fazer chá das seguintes ervas: gengibre, malva, hortelã, levante e folha de mimosa. Tomar várias vezes ao dia.

Hemorragias

Canela, gerânio, semente de girassol, erva-de-passarinho, erva-de-santa-maria, jarrinha, angélica, manjericão, sete-sangrias e absinto.

Uso: chás várias vezes ao dia.

Hemorroidas

Fazer banhos de erva-de-bicho, urtigão, erva-doce, erva-de-santa-maria, fedegoso, transagem, folha de anis, raiz de pico-pico, mil-homem e um punhado de sal grosso.

Fazer emplastro de erva-de-bicho com umas gotas de álcool. Para fazer o emplastro, junte um bom punhado de erva-de-bicho, um pouco de óleo e dê uma fritada de leve, retire do fogo e adicione o álcool. Coloque essas folhas em uma gaze e leve até o local afetado e devidamente lavado e higienizado pelo banho de ervas. Para ajudar no combate à doença, tome chá de sene, carqueja, espinheira-santa. Tudo misturado, um punhadinho de cada erva em infusão várias vezes ao dia.

Tomar uma colher de óleo de oliva todos os dias em jejum, por um longo tempo, para desintoxicar o fígado e assim o intestino funcionará bem.

Impotência sexual

- 1 litro de vinho branco

- 1 punhado de casca de catuaba

- 1 punhado de casca de nogueira

- 1 punhado de pau-tenente

- 1 punhado de pau-andrade

- 1 punhado de guaraná do Amazonas

- 1 punhado de quina branca

- 12 ovos de codorna

- 3 colheres de mel de cana

- 1 punhado de cravo
- 1 punhado de canela
- 1 punhado de noz-moscada

Bater os ovos de codorna no liquidificador com o vinho e o mel de cana. Juntar o restante dos ingredientes e colocar em um litro, tampar bem e enterrar na terra profunda por nove dias. Tomar três vezes ao dia, em nove dias. Conservar na geladeira.

Obs.: não usar mel se tiver diabetes.

Impotência sexual (indicado para quem quer evitar açúcar)

Um litro de vinho branco, casca de catuaba, pau-tenente, pau-andrade, pau de guaraná do Amazonas e um pedacinho de mil-homem. Colocar tudo dentro do vinho branco, tampar bem e deixar por sete dias. Tomar um cálice antes das refeições. Conservar em geladeira.

Impotência e esterilidade feminina

- 1 coco
- 1 vidro de mel
- canela
- cravo
- noz-moscada

Tirar a água do coco. Colocar o mel dentro dele e os demais ingredientes, fazer uma tampa para o coco e enterrar bem profundo na terra por sete dias. Tomar três vezes ao dia.

Tomar mais ou menos sete cocos, fazendo um de cada vez, pois se fizer muitos azeda depressa, então tira um da terra e coloca outro.

Conservar em geladeira.

Obs.: não indicado para diabéticos.

Impotência sexual e esterilidade (para ambos)

- 1 punhado de agoniada
- 1 punhado de catuaba
- 1 punhado de pau-tenente

- 1 punhado de pau-andrade
- 1 litro de vinho branco

Colocar tudo dentro do vinho branco, tapar bem e deixar descansar por sete dias. Tomar três vezes ao dia. Conservar na geladeira.

Insônia

Comer muitas frutas de maracujá, erva-cidreira, folhas de maracujá, colônia, melissa, capim-limão, manjericão, alecrim-branco, folha de limão, flor de laranjeira, flor-da-noite.

Uso: chás em infusão, várias vezes ao dia.

Laxante

Folhas de sene, carqueja, camomila, marcela, artemísia, boldo. Essa composição de ervas se torna laxativa.

Uso: chás em infusão, três vezes ao dia.

Se tomar com sequência, a pessoa perde peso (emagrece).

Menopausa

Pegar um punhado de: flor-da-noite, açoita-cavalo, angélica, cordão-de-frade, manjericão, alfavaca, aniz, folhas de limão, amora-do-mato, cancorosa, cardo-santo, confrei, dente-de-leão, crista-de-galo. Uso: chás em infusão várias vezes ao dia (a mistura das ervas enriquece a propriedade delas).

Menstruação

Maracujá, manjericão, colônia, abutua, noz-moscada, louro, erva-doce, folha de mimosa, folha de limão, açoita-cavalo, agoniada, erva-cidreira, angélica.

Uso: chás em infusão várias vezes ao dia.

Nervos

Um punhado de: maracujá, folhas de colônia, melissa, capim-limão, erva-cidreira, manjericão, folhas de maracujá, alecrim, alfazema, flor de laranjeira, crista-de-galo, sálvia e o próprio fruto de maracujá. É muito importante e de grande eficácia tomar banhos frios de ervas sagradas como: boldo, manjericão, alecrim, angélica, louro, flores, colônia e aroeira. Essas ervas servem de calmante para os nervos.

Uso: chás em infusão, várias vezes ao dia.

Obesidade

Secar estas ervas e misturar:

- sene
- carqueja
- boldo
- marcela (tomar em jejum)
- artemísia
- chicória
- jurubeba
- ruibarbo

Colocar essas folhas secas todas misturadas, e todos os dias apanhar um punhado e colocar em infusão na água fervente, e tomar uma xícara antes das refeições.

Picada de insetos

- fumo de corda picado
- álcool
- mel

Para lavar o local afetado:

- pico-pico
- ortigão
- hortelã
- sal
- álcool

Modo de usar:

Deixar o fumo picado na infusão do álcool por alguns minutos, misturar com o mel de abelhas e reservar.

Lavar bem as partes afetadas com pico-pico, ortigão e hortelã. Colocar bastante sal e álcool no banho, o mais quente possível.

Fazer a compressa do fumo em cima da picada, enfaixar e deixar passar a noite. Tomar chá de ervas medicinais: nogueira, nhá-pindá ou arranha-gato, caroba, espinheira-santa. Tomar um litro por dia.

Pressão alta

Pegar um punhado de: folhas de abacate, pera, amora, raiz de salsa, cordão-de-frade, manjericão, cabelo-de-milho, sálvia, angélica, folhas de alecrim, alfazema, crista-de-galo, flor da noite, maracujá, confrei, folha de mimosa, oliveira, limão, dente-de-leão.

Caminhar bastante e emagrecer em caso de obesidade.

Uso: chás em infusão, diversas vezes ao dia (a mistura das ervas enriquece suas propriedades).

Pressão baixa

Tomar todos os dias antes das refeições um cálice de vinho. Usar chá de capim-limão, folha de limão, guaraná, catuaba, cordão-de-frade, sálvia, quina, pau-andrade, pau-tenente, ipê-roxo, agoniada, folha de laranjeira e mil-homem.

Uso: chás em infusão, várias vezes ao dia (a mistura das ervas enriquece a propriedade delas).

Rins

Pegar um punhado de: picão, abacate, quebra-pedra, chapéu-de-couro, pata-de-vaca, cabelo-de-milho, sálvia, salsaparrilha, verbrasco, arranha-gato, sucupira, salsa, espinho-de-carneiro, cordão-de-frade, rubi, espinheira-santa, folha-de-são-joão.

Uso: chás, tomar diariamente (a mistura das ervas enriquece a propriedade delas).

Sífilis

Pegar um punhado de: açoita-cavalo, arranha-gato, nogueira, transagem, rubi, espinheira-santa, caroba, chapéu-de-couro, ipê-roxo, salsaparrilha, absinto, sassafrás, gengibre, mil-homem, valeriana, lobélia, pau-tenente, catuaba, espinho-de-carneiro.

Uso: chás em infusão, várias vezes ao dia.

Vermes

Suco de erva-de-santa-maria, leite, mel, manteiga. Tomar em jejum.

Suco de hortelã, mel, manteiga, leite. Tomar em jejum.

Folhas sagradas para banhos energéticos

Mal-me-quer: planta consagrada à deusa-mãe, à vida eterna, à redenção. Assim como a margarida, é também considerada as lágrimas de Maria e as gotas de sangue, folha do Orixá Oxum.

Artemísia (absinto): consagrada ao Orixá Xangô.

Angélica: banho purificador em rituais sagrados, representa a trindade, uma das ervas de Oxalá.

Alfazema: banho purificador do corpo, representa a Virgem Maria, uma das ervas de Iemanjá.

Cidreira: folha consagrada ao Orixá Oxalá também chamada de "a mão de Buda".

Dodona: erva consagrada ao antigo deus Zeus por sua madeira ser dura e resistente. Suas folhas são usadas como louro da vitória. É uma das folhas do Orixá Xangô.

Cedro: o cedro-do-líbano mencionado na Bíblia é o símbolo da grandeza, da força e da imortalidade. É uma erva do Orixá Xangô.

Açafrão ou Crocus sativus: prepara-se o banho do sumo amarelo como símbolo da grandeza da luz, do amor e do ouro. Erva de Oxum.

Acácia: folha sagrada da iniciação de vários rituais sagrados, erva de Oxum.

Manjericão: folha consagrada a Oxalá e ao Orixá Oxum.

Conâmpula: planta também consagrada à deusa-mãe Naná.

Boldo: tapete de Oxalá, usada nos rituais desse Orixá.

Banhos de descarrego

É importante salientar antes de tudo que tanto este banho como os demais que seguem neste capítulo podem ser tomados por qualquer pessoa que sentir necessidade de fazê-lo. Não há restrições no sentido de ser iniciado nos rituais de Candomblé ou mesmo fazer parte de rituais de Umbanda. A receita sugere apenas que a pessoa acredite no que está fazendo e queira de fato transformar sua vida em caminhos prósperos para alcançar aquilo que deseja. Os banhos sagrados podem lavar o corpo e a alma, atraindo a felicidade através da renovação de energias.

Para esta receita anote os procedimentos corretos:

Primeiro passo:

Passar oito ovos pelo corpo da pessoa, um a um, pedindo ao Orixá Oxum para limpar seus caminhos de tudo que é negativo. Que suas energias sejam renovadas.

Segundo passo:

Cada ovo passado é quebrado com casca e tudo dentro de um balde cheio de água pura. Depois de todos os ovos passados e esmagados na água, mistura-se bem e toma-se o banho da cabeça aos pés, pedindo à mãe Oxum a renovação do corpo e da alma.

Depois do banho de ovos, toma-se em seguida um banho de folhas de romã (erva de Oxum), de muita prosperidade. As folhas de romã devem ser soltas do talo e depois maceradas em água pura.

Os banhos de folhas sofrem influências de muitas crenças antigas, devem ser acompanhados de rezas pessoais e sinceras vindas do coração e direcionadas às forças da natureza. Se o período em que se deseja tomar banhos de descarrego for de muito frio, nada impede que se aqueça um pouco a água e acrescente ao banho. Depois do banho tomado, os resíduos devem ser devolvidos à natureza, ou seja, deposite os resquícios do banho em um jardim ou uma campina.

Banhos de despertar

Banho de carvão: brasas; símbolo do poder das forças ocultas e secretas. O carvão negro e frio necessita de uma centelha para despertar nele as energias adormecidas. O carvão em brasa transmutado é a alquimia do preto para o vermelho, significa o símbolo do poder e da pureza. Esse banho deve ser tomado em noites de luar. Para realização do banho de carvão, é necessário juntar uma boa quantidade de brasas vivas. No momento em que se decide tomar o banho, é a hora de colocar as brasas na água. Com auxílio de um objeto, jogue na água as brasas vivas, recite uma reza com o coração desarmado e aberto para receber bons fluidos. Converse com as forças da natureza e tome o banho de uma só vez com o corpo bem relaxado.

Plantar estas 7 ervas contra mau-olhado

Pimenta vermelha

Pimenta amarela

Comigo ninguém pode

Arruda

Espada de São jorge

Guiné

Alecrim

Considerações finais

É somente com muito esforço e paciência que podemos vencer os obstáculos do nosso dia a dia. O espírito humano não pode se elevar e chegar até as supremas alturas cuja fonte é Deus, todavia, ele pode ao menos elevar a Ele suas aspirações.

Em decorrência disso, como concluir em palavras, como resumir tamanha grandeza das obras que se desenvolvem nas profundezas dos céus estrelados, no universo infinito?!... Apesar do que se possa dizer, permanece-se sempre aquém da verdade aos limitados recursos do vocabulário terrestre.

Resta-nos esperar que esta obra possa concretizar com eficácia o seu objetivo, podendo somar às já existentes sobre o assunto, demonstrando que é de fundamental importância o conhecimento de tudo aquilo que se pratica. Buscando compreender em coisas simples, como saber que em nosso ritual as cantorias melódicas são hinos ou mantras que servem para vibrar o ambiente de forças invocadas.

Entretanto, cantar por cantar, rezar por rezar, são vozes que não encontram o próprio eco e não chegam a lugar nenhum.

Esperamos não ter sido inconvenientes em nossas associações, nem tampouco ter minimizado ou supervalorizado a importância dos fatos.

Em suma, é importante ressaltar que as crenças relacionadas ao ocultismo abrem amplo espaço de discussões que de certa forma é impossível demonstrar em apenas uma obra. Existem muitos caminhos ainda inexplorados para reflexão de novos temas, os quais esperamos trabalhar em uma próxima oportunidade. Até...

Mensagem

A árvore generosa se eleva à beira da estrada, os viajantes que passam famintos e exaustos buscam-lhe os frutos... No desvario de suas necessidades atiram-lhe pedras.

Espancam-na com varas... Sacodem seus galhos... Quebram-lhe os grampos... Talham-lhe as folhas... Sufocam-lhe as flores, esmagam-lhe brotos, tensos ferem-lhe o tronco... Mas a árvore sem queixa, sem revolta... Balançando as fontes, doa a todos seus frutos. Doa a todos os que a maltrataram os frutos da sua própria seiva... Esse é o seu destino.

Também na estrada da existência, onde você vive, transitam os viajantes da evolução apresentando múltiplas exigências a lhe rogarem o auxílio. E na loucura de seus caprichos atiram-lhe pedras de ingratidão; espancam-lhe o nome, os vasos da injúria, sacodem-lhe o coração a golpes de violência, quebram-lhe as afeições preciosas, usando a calúnia, talham-lhe o serviço. Sufocam-lhe os sonhos com palavras de crueldade. Esmagam-lhe as esperanças com pancadas de críticas, ferem-lhe as ideias com calúnias da ironia.

Mas mesmo assim faça como a árvore, observe sorrindo fraternamente, aprenda com ela a doar seus frutos do próprio esforço sem revoltar-se e sem se lamentar.

Para conseguir aniquilar seu inferior use a técnica da respiração, como já foi dito.

Referencial bibliográfico

Adoum, J. *As chaves do Reino Interno.*

Adoum, J. *Poderes ou O livro que diviniza.*

Aslan, Nicola. *História Geral da Maçonaria: Fatos da Maçonaria Brasileira.* 1997.

Beniste, J. *As Águas de Oxalá.* 2002.

Brodsky, G. *Do Jardim do Éden à Era de Aquarius.* 2ª edição. 1977.

Cavendish, R. *Enciclopédia do Sobrenatural.* 1993.

Durville, H. *A Ciência Secreta.* 2ª edição. 1991-1995.

Fonseca Jr, E. *Dicionário Antológico da cultura afro-brasileira.* 1995.

Macera, P. *O Livro de Allan Kardec.* 3ª edição. 1982.

Moura, Ricardo de. *História/ Ricardo, Adhemar, Flávio/ Belo Horizonte, Minas Gerais. Editora Lê, 1989.*

Nicola Aslan. *A trolha.* 1ª edição. Londrina: Editora Maçônica, 1997.

Nogueira Filho, S. *Maçonaria: religião e simbolismo.* 1984.

Obstat, Nihil. *Bíblia Sagrada.* 1979.

Paschoal, E. *Dicionário de Símbolos.* 1990.

Prandi, R. *Mitologia dos Orixás.* 2001.

Reyo, Z. *Alquimia Interior.* 11ª edição. 1989.

Santos, J. dos. *Os Nagô e a Morte.* 6ª edição. 1986.

Verger, P. *Ewé. O uso das plantas na Sociedade Ioruba.* 1995.

Verger, P. *Orixás.* 1986-1990.

Wehling, Arno. *Formação do Brasil Colônia/ Ano Wehling, Maria José C. de M.*

WEHLING, Arno; WEHLING, Maria José C. de M. *Formação do Brasil colonial.* Nova Fronteira, 1994.

Fontes

http://kasange.vilabol.uol.com.br/

http://www.oriaxe.com.br

http://www.scribd.com/

http://pt.wiktionary.org/wiki

http://www.plantamed.com.br

http://www.enfermagemvirtual.com.br

http://www.1000magias.com.br/

http:/www.spectrumgothic.com.br

http://images.google.com.br/imgres?imgurl=http://rainbowsky.blogs.sapo.pt/arquivo/Estrelas-thumb.jpg&imgrefurl=http://recantodasletras.uol.com.br/forum/index.php%3F-topic%3D4557.msg150852&usg=__TPMhLqZtnBo1iILhhVfcD5w_J0k=&h=293&w=381&s-z=18&hl=pt-BR&start=15&um=1&tbnid=Hu9VoSVikeP-zM:&tbnh=95&tbnw=123&prev=/images%3Fq%3Destrelas%26hl%3Dpt-BR%26cr%3DcountryBR%26um%3D1

http://colunistas.ig.com.br/luisnassif/2009/02/03/a-santa-dos-brasileiros/

http://www.diaadia.pr.gov.br/nre/ivaipora/modules/conteudo/conteudo.php?conteudo=10

http://www.umsoi.com/espanol/?p=88

http://images.google.com.br/imgres?imgurl=http://www.emefnewtonreis.kit.net/SISTEMA%2520SOLAR_arquivos/Solar-system-800_600.jpg&imgrefurl=

http://www.emefnewtonreis.kit.net/sistemasolar.htm&usg=__kAmES2FEyIwiiHi-caUTh247dlQ=&h=600&w=800&sz=61&hl=pt-BR&start=47&um=1&tbnid=IEPZPwGYaOGRBM:&tbnh=107&tbnw=143&prev=/images%3Fq%3Dplanetas%26ndsp%3D20%26hl%3Dpt-BR%26cr%3DcountryBR%26sa%3DN%26start%3D40%26um%3D1

http://g1.globo.com/Noticias/Ciencia/0,,MUL164557-5603,00.html http://rickson.zip.net/images/paisagens.JPG

http://verblogando.wordpress.com/2008/01/25/a-natureza-humana/

Site: http://www.fotoseimagens.etc.br/foto-imagem_floresta-3d_811.html

Site: http://professoravero.zip.net/arch2007-06-10_2007-06-16.html

Site: http://images.google.com.br/imgres?imgurl=http://www.guia.heu.nom.br/images/terra_Jesus.jpg&imgrefurl=http://www.guia.heu.nom.br/terra.htm&usg=__Y14Y6r-xrozLykg_WEl=ptBR&start=2&um=1&tbnid=VPRFKmkxojrb1M:&tbnh=105&tbnw=129&prev=/images%3Fq%3Djesus%2B%2Be%2Bmundo%26ndsp%3D20%26hl%3Dpt-BR%26cr%3DcountryBR%26um%3D1

Site:http://images.google.com.br/imgres?imgurl=http://www.riofesta.com.br/blog/wpcontent/uploads/2009/08/estrelacadente.jpg&imgrefurl=http://www.riofesta.com.br/blog/&usg=%3DptBR%26cr%3DcountryBR%26sa%3DN%26start%3D20%26um%3D1

Site: http://h2.vibeflog.com/2006/10/11/22/7597663.jpg

Site: http://comandoestelar.zip.net/arch2007-12-02_2007-12-08.html

Site: http://images.google.com.br/imgres?imgurl=http://www.ceuaustral.astrodatabase.net/natureza%2520das%2520estrelas2.JPG&imgrefurl=http://recantodasletras.uol.com.br/forum/index.php%3Ftopic%3D4642.30&usg=__V8HgpLLqXYhny3vbsIjLx7stjGU=&h=800&w=800&sz=43&hl=pt-BR&start=1&um=1&tbnid=niyaOTzTbJNVVM:&tbnh=143&tbnw=143&prev=/images%3Fq%3Destrelas%26hl%3Dpt-BR%26cr%3DcountryBR%26um%3D1

Site: http://www.infonet.com.br/sysinfonet/images/secretarias/colunistas/foto_%20m_riacho_fot_eduardo_moreira_arquivo_ybs_2007.jpg

Site: http://www.fraternidaderosacruz.org/ddc_cef_c1.htm

Site: http://images.google.com/imgres?imgurl=http://presentededeus.files.wordpress.com/2008/12/maos-dosenhor.jpg&imgrefurl=http://presentededeus.wordpress.com/2008/12/01/&usg=__dYHC1DE_NnIAgZ4eYJr-yJFPZaY=&h=240&w=320&sz=13&hl=ptBR&start=27&um=1&tbnid=aaIXjLqsLXTo9M:&tbnh=89&tbnw=118&prev=/i3Dm%25C3%25A3o%2Bde%2BJesus%26ndsp%3D20%26hl%3DptBR%26rls%3Dcom.microsoft:pt-br:IE-SearchBox%26rlz%3D1I7WZPA_ptBR%26sa%3DN%26start%3D20%26um%3D1

Site: http://images.google.com.br/imgres?imgurl=http://rainbowsky.blogs.sapo.pt/arquivo/Estrelas-thumb.jpg&imgrefurl=http://recantodasletras.uol.com.br/forum/index.php%3Ftopic%3D4557.msg150852&usg=__TPMhLqZtnBo1iILhhVfcD5w_J0k=&h=293&w=381&sz=18&hl=p-

t-BR&start=15&um=1&tbnid=Hu9VoSVikeP-zM:&tbnh=95&tbnw=123&prev=/images%3Fq%3Destrelas%26hl%3Dpt-BR%26cr%3DcountryBR%26um%3D1

Site:ht tp: //images .google.com/imgres?imgur l=ht tp: //www. freefotolog.com.br/fotos/260845061.jpeg&imgrefurl=http://www.freefotolog.com.br/b3tty/128539&usg=1&tbnid=UQRkc6mJtzUqyM:&tbnh=97&tbnw=128&prev=/images%3Fq%3Dlua%2Bemar%26hl%3Dpt-BR%26rls%3Dcom.microsoft:ptbr:IE

SearchBox%26rlz%3D1I7WZPA_pt-BR%26um%3D1 www.google.com.br

Site:http://images.google.com/imgres?imgurl=http://troll-urbano.weblog.com.pt/arq u i v o / m a r % 2 5 2 0 e % 2 5 2 0 l u a . j p g & i m g r e f u r l = h t t p : / / m e m o r i a s d o m a r . b l o g s p o t . c o m /2008_07_01_archive.html&usg=__7_hl=ptBR&start=359&um=1&tbnid=z9Fofnk3hNRbTM:&tbnh=99&tbnw=132&prev=/ images%3Fq%-3Dlua%2Bemar%26ndsp%3D20%26hl%3Dpt-BR%26rls%3Dcom.microsoft:pt-br:IE-SearchBox%26rlz%3D1I7WZPA_pt-BR%26sa%3DN%26start%3D340%26um%3D1

Site: h t t p : / / i m a g e s . g o o g l e . c o m . b r / i m g r e s ? i m g u r l = h t t p : / / w w w . e s t a d o a v a t a r . h b e . c o m . b r / i m a g e n s / espadasdoespiritoazul.jpg&imgrefurl=http://www.estadoavatar.hbe.com.br/ armas.php&usg=__P5Rad-2VPDJl6MEmRNHEqePlNyUw=&h=360&w=491&sz=32&hl=ptBR&start=1&tbnid=jN-Le5o-CpB94qM:&tbnh=95&tbnw=130&prev=/%3Fq%3Despada%2Bdo%2Besp%25C3%25A-Drito%2Bazul%26gbv%3D2%26hl%3Dpt-BR

Site:http://images.google.com.br/imgres?imgurl=http://www.guia.heu.nom.br/images/ Jesus_PN_Aramaico.jpg&imgrefurl=http://www.guia.heu.nom.br/ jesus.htm&usg=__0TTdZF8l4LBtUvAdlNqJFLn7YYE=&h=471&w=397&sz=10&hl=ptBR&start=6&tbnid=wFn2fX8rzM-EwM:&tbnh=129&tbnw=109&prev=/images%3Fq%3Djesus%2Baramaico%26gbv%3D2%26hl%3Dpt-BR

Site: http://images.google.com.br/imgres?imgurl=http://blog.aveluz.com.br/up/a/av/blog.aveluz.com.br/img/jesus_1_.jpg&imgrefurl=http://blog.aveluz.com.br/ a l b u m / d e f a u l t /&usg=__X3jniaWzAUqIHtWd_art=36&um=1&tbnid=BjmDYA7fCNuCXM:&tbnh=135&tbnw=101&prev=/ i m a g e s % 3 F q % 3 D j e s u s % 2 6 n d s p % 3 D 2 0 % 2 6 h l % 3 D p t -BR%26cr%3DcountryBR%26sa%3DN%26start%3D20%26um%3D1

Site: http://images.google.com.br/imgres?imgurl=http://3.bp.blogspot.com/ _ UN2sKamx2kk/SW_aCxWSv-I/AAAAAAAAOw/THifYbPfnAI/s400/1111111111111111 111111111111111.jpg&imgrefurl=http://nasa2014.blogspot.com/2009/01/o-planetamercrio.html&usg=_start=13&um=1&tbnid=EWKFnjTZWfj43M:&tbnh=116&tbnw=116&prev=/images%3Fq%3DPlaneta%2BMerc%25C3%25BArio%26hl%3DptBR%26rls%3Dcom.

microsoft:pt-br:IE-SearchBox%26rlz%3DlI7WZPA_pt-BR%26um%3D1

Site: http://images.google.com/imgres?imgurl=http://www.eb1-serra-boaviagem.rcts.pt/ planetas.jpg&imgrefurl=http://www.eb1-serra-boa-viagem.rcts.pt/ trabalhos3.htm&usg=_ tBR&start=26&um=1&tbnid=CIl5lLcxD66LWM:&tbnh=111&tbnw=110&prev=/ i m a g e s % 3 F q % 3 D p l a n e t a s % 2 6 n d s p % 3 D 2 0 % 2 6 h l % 3 D p t -BR%26rls%- 3Dcom.microsoft:pt-br:IE-SearchBox%26rlz%3DlI7WZPA_ptBR%26sa%3DN%26start%3D20%26um%3D1

Site: http://images.google.com.br/imgres?imgurl=http://www.corazones.org/ z_imagenes/biblia_temas/nuevo_testamento/multitud_jesus.jpg&imgrefurl=http://nova-evangelizacao.blogspot.com/2005/11/ misso-crist-deevangelizados. html&usg=__rcdAuRGzjCuJ0wo3LLsetsQjpJk=&h=540&w=315&sz=46&hl=pt-BR&start=87&tbnid=ztqjRMu2PpuZsM:&tbnh=132&tbnw=77&prev=/ Djesus%26gbv%3D2%26ndsp%3D20%26hl%3DptBR%26sa%3DN%26start%3D80

Site: http://images.google.com/imgres?imgurl=http://brunogodinho.zip.net/images/ s o l . j p g & i m g r e f u r l = h t t p : / / i n o u t y o u . b l o g s . s a p o . p70256. html&usg=__f9u_u6wTQ0_Dt1_M6C5bj7k_KR8=&h=768&w=1024&sz=78&hl=ptBR&start=1&um=1&tbnid=ImOT3v-rsxz8CM:&tbnh=113&tbnw=150&prev=/ i m a g e s % 3 F q % 3 D s o l % 2 6 n d s p % 3 D 2 0 % 2 6 h l % 3 D p t -BR%26rls%3Dcom.microsoft:pt-br:IE-SearchBox%26rlz%3DlI7WZPA_ptBR%26um%3D11&tbnid=z9Fofnk3hNRbTM:&tbnh=99&tbnw=132&prev=/images%3Fq%3Dlua%2Bemar%26ndsp%3D20%26hl%- 3Dpt-BR%26rls%3Dcom.microsoft:pt-br:IE-SearchBox%26rlz%3DlI7WZPA_pt-BR%- 26sa%3DN%26start%3D340%26um%3D1

Site: h t t p : / / i m a g e s . g o o g l e . c o m . b r / i m g r e s ? i m g u r l = h t t p : / / w w w . e s t a d o a v a t a r . h b e . c o m . b r / i m a g e n s / espadasdoespiritoazul.jpg&imgrefurl=http://www.estadoavatar.hbe.com. br/ armas.php&usg=__P5Rad2VPDJl6MEmRNHEqePlNyUw=&h=360&w=491&sz=32&hl=ptBR&start=1&tbnid=jNLe5o-CpB94qM:&tbnh=95&tbnw=130&prev=/ q%3Despada%2Bdo%2Besp%25C3%25ADrito%2Bazul%26gbv%3D2%26hl%3Dpt-BR

Site: http://images.google.com.br/imgres?imgurl=http://www.guia.heu.nom. br/images/ Jesus_PN_Aramaico.jpg&imgrefurl=http://www.guia.heu.nom. br/ jesus.htm&usg=__0TTdZF8l4LBtUvAdlNqJFLn7YYE=&h=471&w=397&sz=10&hl=ptBR&start=6&tbnid=wFn2fX8rzM-EwM:&tbnh=129&tbnw=109&prev=/ images%3Fq%3Djesus%2Baramaico%26gbv%3D2%26hl%3Dpt-BR

Site: http://images.google.com.br/imgres?imgurl=http://blog.aveluz.com.br/up/a/av/ blog.aveluz.com.br/img/jesus_1_.jpg&imgrefurl=http://blog.aveluz.com.br/ a l b u m / d efault/&usg=__X3jniaWzAUqIHtWd_hl=ptBR&start=36&um=1&tbnid=BjmDYA7fC-NuCXM:&tbnh=135&tbnw=101&prev=/ i m a g e s % 3 F q % 3 D j e s u s % 2 6 n d s p % 3 D 2 0 % 2 6 h l % 3 D p t -BR%26cr%3DcountryBR%26sa%3DN%26start%3D20%26um%3D1

Site: http://images.google.com/imgres?imgurl=http://3.bp.blogspot.com/UN2sKamx2kk/ SW_aCxWSv-I/AAAAAAAAOw/THifYbPfnAI/s400/1111111111111111111111111 111.jpg&imgrefurl=http://nasa2014.blogspot.com/2 0 0 9 / 0 1 / o - p l a n e t amer-crio.R&start=13&um=1&tbnid=EWKFnjTZWfj43M:&tbnh=116&tbnw=116&prev=/ images%3Fq%3DPlaneta%2BMerc%25C3%25BArio%26hl%3DptBR%26rls%3Dcom. microsoft:pt-br:IE-SearchBox%26rlz%3D1I7WZPA_pt-BR%26um%3D1

Site: http://images.google.com/imgres?imgurl=http://www.eb1-serra-boaviagem.rcts.pt/ planetas.jpg&imgrefurl=http://www.eb1-serra-boa-viagem.rcts.pt/ trabalhos3.htm&usg=_ BR&start=26&um=1&tbnid=C1I5lLcxD66LWM:&tbnh=111&tbnw=110&prev=/ i m a g e s % 3 F q % 3 D p l a n e t a s % 2 6 n d s p % 3 D 2 0 % 2 6 h l % 3 D p t -BR%26rls%3D-com.microsoft:pt-br:IE-SearchBox%26rlz%3D1I7WZPA_ptBR%26sa%3DN%26start%-3D20%26um%3D1

Site: http://images.google.com.br/imgres?imgurl=http://www.corazones.org/ z_imagenes/biblia_temas/nuevo_testamento/multitud_jesus.jpg&imgrefurl=h-ttp://nova-evangelizacao.blogspot.com/2005/11/misso-crist-deevangelizados. html&usg=__rcdAuRGzjCuJ0wo3LLsetsQjpJk=&h=540&w=315&sz=46&hl=p-t-BR&start=87&tbnid=ztqjRMu2PpuZsM:&tbnh=132&tbnw=77&prev=/ jesus%26gbv%3D2%26ndsp%3D20%26hl%3DptBR%26sa%3DN%26start%3D80

Site: http://images.google.com/imgres?imgurl=http://brunogodinho.zip.net/images/ s o l . j p g & i m g r e f u r l = h t t p : / / i n o u t y o u . b l o g s . s a p o . p t /70256. html&usg=__f9u_u6wTQ0_Dt1_M6C5bj7k_KR8=&h=768&w=1024&sz=78&hl=p-tBR&start=1&um=1&tbnid=ImOT3v-rsxz8CM:&tbnh=113&tbnw=150&prev=/ i m a g e s % 3 F q % 3 D s o l % 2 6 n d s p % 3 D 2 0 % 2 6 h l % 3 D p t -BR%26rls%3Dcom. microsoft:pt-br:IE-SearchBox%26rlz%3D1I7WZPA_ptBR%26um%3D1

Site: http://images.google.com/imgres?imgurl=http://i181.photobucket.com/albums/ x 2 4 0 / C o m i c M e c h a n i s m / B M L o g o . p n g & i m g r e f u r l = h t t p : / / w w w . b l a s t e d m e c h a n i s m . c o m / p h p B B 2 / viewtopic.php%3Ff%3D20%26t%-3D3115%26start%3D75&usg=__nAE2hflDoxNT3xYO1OLGZPh9Vd4=&h=186&w=248&s-z=17&hl=pt-BR&start=94&um=1&tbnid=xV6I_CnljBvpXM:&tbnh=83&tbnw=111&prev=/ i m a g e s % 3 F q % 3 D b m l o g o % 2 6 n d s p % 3 D 2 0 % 2 6 h l % 3 D p t -BR%26rl-s%3Dcom.microsoft:pt-br:IE-SearchBox%26rlz%3D1I7WZPA_pt-BR%26sa%3DN%26s-tart%3D80%26um%3D1

Site: http://images.google.com.br/imgres?imgurl=http://media-cdn.tripadvisor.com/media/photo-s/01/18/a4/ac/y-de-regalo-el-arco-iris.jpg&imgrefurl=

http://www.tripadvisor.com.br/LocationPhotos-g811453-Krimml_Austrian_Alps.html&usg=__2XxhJ0sOoG9V4igY_MUqoKd4z8Q=&h=412&w=550&sz=77&hl=pt-BR&start=97&um=1&tbnid=bkhQCC_h6Pn4WM:&tbnh=100&tbnw=133&prev=/images%3Fq%3Darco%2B%25C3%25ADrs%26ndsp%3D20%26hl%3Dpt-BR%26cr%3DcountryBR%26sa%3DN%26start%3D80%26um%3D1

Site:http://4.bp.blogspot.com/_SbGj9S1u2ds/SZGf_OOMhUI/AAAAAAAAI8/st0pZh5eryc/s200/pentagrama2

Ilustrações

Eloiza Maria Garcez Azevedo. Ilustrações. Páginas: 26; 30; 34; 37; 42; 45; 46; 51; 57; 60; 61; 62; 63; 64; 67; 68; 69; 70; 74; 75; 78; 80; 81; 85; 87; 106; 119; 146; 153; 154; 256; 210; 222; 236; 240; 241; 346.

Léo Victor de Lima. Montagem e ilustrações. Páginas: 156; 170; 172; 176; 178; 180; 182; 184; 185; 187; 189; 191; 193; 195; 197; 198.

Ilustrações extraídas da Coleção de Obras do Ile Asé Odé Inlê da Yaloorisá Izolina de Lima Gruber. Páginas: 3; 26; 59; 73; 109; 126; 128; 129; 130; 131; 234; 159.

Fotos do Ile Asé Odé Inlê, páginas: 12; 13; 19; 57; 88; 90; 106; 115; 123; 124; 125.

Fotos e configurações da obra: Karoliny Jordão. Páginas: 24; 84; 141; 145; 159; 171; 210; 220; 221; 222; 232; 226; 228; 229; 237; 242; 250; 252; 254; 284 e ervas medicinais da página 286 até 342.

Bíblia Sagrada. Tradução de Padre Antônio Pereira de Figueiredo e Editoração de Paulo Matos Peixoto. Paumape. São Paulo, páginas 29; 30; 43; 44; 48; 49; 152; 211; 246; 388.

Fotos Santos de Igreja: 71; 111; 113; 118; 120; 121; 122; 131; 133.

Fotos da internet. Páginas: 47; 54; 62; 65; 66; 76; 77; 79; 109; 136; 139; 201; 202; 203; 205; 207; 208; 214; 216; 217; 218; 219; 224; 257; 260; 261; 272; 273; 274; 275; 276; 277; 278; 280.